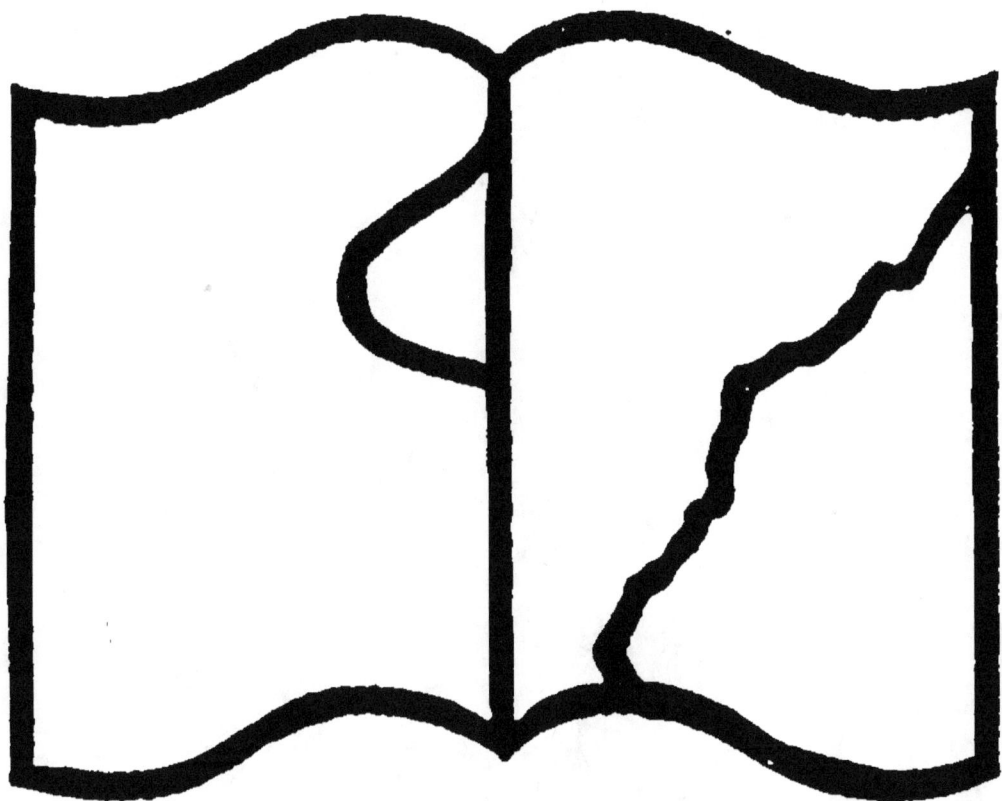

Texte détérioré — reliure défectueuse
NF Z 43-120-11

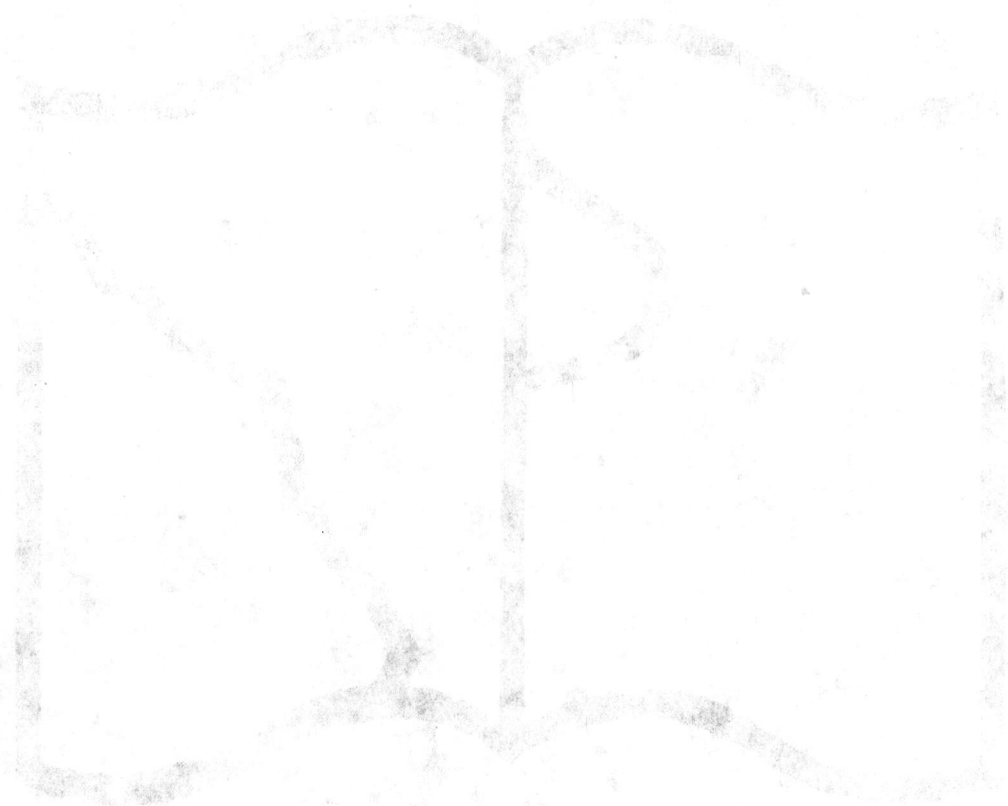

Cousou — Les Guignerne !

L. ROGER-MILÈS

28200

Nos

emmes

Et nos

Enfants

PRÉFACE

PAR

M. E. LEGOUVÉ

de l'Académie française

Jean Béraud

E. FLAMMARION, ÉDITEUR, 26, RUE RACINE, PARIS.

NOS FEMMES

ET

NOS ENFANTS

A LA MÊME LIBRAIRIE

DU MÊME AUTEUR

PROSE

A CITÉ DE MISÈRE, 1 vol. in-18. Préface de M. Sully-Prudhomme. Illustrations de MM. Bréauté, Lambert, Merwart. Prix : 3 fr. 50.

LES HEURES D'UNE PARISIENNE, 1 vol. in-18. Prix : 3 fr. 50.

DES HOMMES ET DES CHOSES, 1 vol. in-18. Préface de Louis Ulbach.

UNE HÉROÏNE FRANÇAISE, au Vᵉ siècle, 1 vol. in-18, illustré.

COROT, SA VIE ET SES ŒUVRES, 1 vol. in-18, illustré.

PRÉCIS D'HISTOIRE DE LA PEINTURE DÉCORATIVE, 1 vol. in-8.

BEAUX-ARTS : *Introduction à l'Histoire de l'art*. T. I, II et III.

LES CENT CHEFS-D'ŒUVRE (2ᵉ série).

MICHEL-ANGE, sa vie, son œuvre, son génie.

POÉSIES

ÉBAUCHES, 1 vol. in-8°, eaux-fortes de P. Destez.

LES VEILLÉES NOIRES; vol. in-4°, 12 eaux-fortes de Henner, Bourdelle, Thirion, Comerre, Pointelin, Deschamps, Benner, Geoffroy, etc.

PAGES D'AUTREFOIS, retrouvées par Henri Pille; préface en vers par François Coppée, album grand in-fol.

LA DERNIÈRE NUIT DE BABYLONE; poème lyrique, vol. in-18.

L'AGNÈS MODERNE ; vol. in-18.

ALCESTE CONVERTI; joué à la Comédie-Française, vol. in-18.

Pour paraître prochainement.

LES GÉANTS DE L'AIR, poésies.

DEVANT LE CHEVALET; notes et impressions d'art.

HISTOIRE DE LA BIJOUTERIE.

BEAUX-ARTS : *Introduction à l'Histoire de l'art*. T. IV et V.

ÉMILE COLIN — IMPRIMERIE DE LAGNY

L. ROGER-MILES

NOS FEMMES

ET

NOS ENFANTS

CHOSES SANGLANTES ET CRIMINALITÉ

PRÉFACE

PAR M. E. LEGOUVÉ

De l'Académie Française.

PARIS

LIBRAIRIE MARPON ET FLAMMARION

E. FLAMMARION, SUCC^r

26, RUE RACINE, PRÈS L'ODÉON

PRÉFACE

A M. Roger Miles.

Mon cher confrère,

Vous voulez bien désirer de moi deux ou trois pages de préface pour votre nouveau livre : NOS FEMMES ET NOS ENFANTS.

Ah ! bon Dieu ! A qui vous adressez-vous? Depuis plus de quarante ans, je combats ce que vous soutenez, et je défends ce que vous attaquez. Dans la question des femmes, vous êtes plus

qu'un conservateur, et je passe presque
pour un révolutionnaire. Le Code civil
vous paraît juste pour la jeune fille, juste
pour l'épouse, juste pour la mère, juste
pour la veuve. Moi, partout, sous toutes
formes, au Théâtre, au Collège de France,
à la Sorbonne, dans mes livres, j'ai pris
à partie le Code féminin, comme inique
et immoral. J'ai réclamé ardemment l'indépendance... entendons-nous bien ! une
indépendance définie, mesurée, propor-
tionnée, mais réelle et légale, pour celle
dont vous dites avec Aristophane : « La
femme doit être sous la garde de ses parents pendant sa jeunesse, sous la garde
de son mari pendant son âge mûr, sous
la garde de ses fils pendant sa vieillesse,
et jamais indépendante. »

Quel lien peut-il donc y avoir entre vous
et moi, sur un tel sujet ? Comment pour-

rai-je accepter d'écrire une préface pour votre livre? J'ai accepté cependant, accepté avec plaisir. Pourquoi? Oh! pourquoi? Pour plusieurs raisons.

D'abord il faut que je vous fasse un aveu. Le talent a pour moi un attrait, auquel je ne sais pas résister. Dès que je vois du talent chez quelqu'un, je suis tenté d'aller à lui, la main tendue; or je trouve un talent réel dans votre livre. Je pourrais même mettre talent au pluriel, car vous en avez de plusieurs sortes. De la verve, de l'esprit, de la raillerie, et une honnêteté convaincue qui va parfois jusqu'à l'éloquence, comme dans votre passage sur la séduction. Eh! bien, j'ai éprouvé en vous lisant un double plaisir, plaisir d'artiste, plaisir de moraliste, et j'arrive ici à ma seconde raison.

Il est plus d'un point où je suis du

*même avis que vous. Je ne veux pas plus
que vous de la femme libre, de la femme
électeur, de la femme député. Or, les livres
spirituellement réactionnaires comme le
vôtre, nous sont d'un grand secours. Rien
de plus efficace pour nous aider à combattre ces ambitions funestes qui compro-
mettent la cause des femmes en les pous-
sant hors de leur rôle de femmes. Vous
êtes notre collaborateur sans le savoir.*

*Ce n'est pas tout. S'il y a des choses que
je crains, il y en a que je désire. Je suis
grand partisan des lycées de jeunes filles,
et peut-être ai-je eu ma petite part d'ini-
tiative dans leur création; mais les programmes ne me satisfont pas complètement. Je les trouve trop chargés, trop
scientifiques, trop masculins. Il y règne
je ne sais quel air de baccalauréat qui me
pèse. Depuis dix ans, je travaille, par la*

parole et par l'écrit, à spécialiser, à pro-
portionner, à FÉMINISER L'ÉDUCATION FÉ-
MININE. Ne confondez pas féminiser avec
efféminer, car la virilité morale aura là
une grande part; je ne sais pas de plus
utiles auxiliaires que des livres comme
le vôtre, pour la réalisation de cet enseignement AYANT UN SEXE.

Reste le dernier point, le plus délicat,
le plus difficile, le rôle de la femme dans
la famille et dans la société. Ici un abîme
infranchissable nous sépare, ce semble.
Non. J'ai pour vous gagner à notre cause
un excellent avocat. Lequel donc? Vous
même.

Vous croyez, dans NOS FEMMES ET NOS
ENFANTS, n'avoir fait qu'un seul ouvrage?
Du tout, vous en avez fait deux; deux qui
se contredisent, ou plutôt se complètent.
Vous avez écrit le premier avec votre es-

prit, *le second avec votre cœur. Autant vous êtes sévère pour les femmes, ironique, parfois même, selon moi, injuste. Autant vous êtes sympathique, affectueux, compatissant pour les enfants. Dans votre sollicitude pour eux, vous allez jusqu'à vous révolter contre le code. Vous plaidez pour les enfants naturels ; vous voulez la limitation de l'autorité paternelle. Eh bien ! j'en appelle de vos deux cents premières pages, à vos deux cents dernières. Soyez pour les femmes ce que vous êtes pour les enfants. La logique vous y force. Si l'intérêt des enfants exige la restriction du pouvoir paternel, est-ce qu'il ne demande pas du même coup l'extension du pouvoir maternel? Cet intérêt ne vous ordonne-t-il pas de donner des armes à l'épouse contre les dilapidations de l'époux ; des armes à la mère contre le*

despotisme du père ? Est-ce que dans les
conseils de famille, les femmes ne devraient pas avoir, au nom des enfants,
une place égale à celle des hommes ?
Est-ce que, au même titre, elles n'ont pas,
de droit, la parole dans les questions d'é-
ducation ?

Je m'arrête, parce que je ne m'arrête-
rais pas. Mais j'en ai dit assez pour faire
comprendre ce que j'ai trouvé de plaisir
et de profit dans votre livre, et ce que
j'espère de votre plume. Pour qu'une loco-
motive marche bien, il lui faut deux
choses : une force qui la pousse, et un
frein qui l'arrête. A vous, conservateurs,
d'être le frein. Sur ce, je vous quitte en
vous disant : « A l'œuvre et merci, » mon
cher ennemi.

E. LEGOUVÉ.

NOS FEMMES

I

LA FEMME INDÉPENDANTE

A entendre parler certains philanthropes galants et certaines misanthropes enragées, la femme, dans notre société moderne, est une esclave. On lui refuse la liberté qu'on revendique pour le sexe laid ; on ne lui impose que des besognes désagréables, ennuyeuses, voire répugnantes ; on lui défend de s'appartenir, et on ne lui permet pas, ou à peine, de choisir celui à qui elle appartiendra. Elle est rivée à un devoir où la moindre faute a de suite les proportions d'un scandale ; où le moindre écart, par une exagération ridicule, semble mériter toutes les rigueurs d'un châtiment. Des satisfactions, point : ou si rapides qu'il est inutile de les compter ; des commodités de la vie, aucune : la tâche est même rude pour obtenir le maigre salaire dû au travail. En un mot, la femme est le plus infortuné des êtres, et il est grand temps que cela finisse. L'heure de l'émancipation, espère-t-on, ne tardera pas à sonner.

Certes, je me ferais un scrupule de ne pas compatir à de si imposantes récriminations, mais sans être optimiste, sans m'écrier comme Leibnitz que tout est pour le mieux dans le meilleur des mondes, je ne vois pas en quoi la femme est si malheureuse, et en quoi sa liberté est si invariablement compromise.

Sous le seul rapport de l'économie politique, je me suis élevé plusieurs fois déjà contre la ténuité des salaires accordés au travail des femmes. Il y a dans plusieurs industries des ouvrières qui sont en effet rémunérées d'une façon dérisoire, sous le prétexte fallacieux que la femme a moins de besoins que l'homme, qu'elle a par nature des qualités de ménagère qui lui font rencontrer dans la vie moins d'embarras ; qu'elle est plus infatigable que l'homme à la besogne et que, la demande de travail étant plus grande, le patron en profite pour réduire les prix. Le patron d'ailleurs n'est pas seul coupable, et les ouvriers, dans plusieurs professions, craignant la concurrence de leur chère moitié, se forment en syndicat pour l'évincer.

La femme est donc obligée de peiner beaucoup pour arriver à vivre d'un travail

1.

honnête, et à ce point de vue j'appelle de toutes mes forces des modifications dans les tarifs qui les régissent, tarifs très inégaux que les nécessités de l'existence les condamnent à subir et qui donnent lieu à une exploitation vraiment indigne de notre temps.

Mais ce que certaines femmes demandent, ce n'est pas la liberté du travail, ce n'est pas le droit égal pour tous au travail ; ce sont des droits incompatibles, à mon sens, avec leur nature ; c'est une liberté tout autre, une liberté dont l'exercice bouleverserait l'ordre social, une liberté qui s'attacherait surtout à la personne physique, ou mieux, ceci est délicat à dire, à l'organisme. Car, il ne faut pas s'y méprendre, lorsque la femme demande à être admise, comme citoyenne, aux votes des assemblées; lorsqu'elle sollicite, ou voudrait pouvoir solliciter un mandat législatif, il y a derrière ce vœu exprimé de servir le pays, derrière cet élan de dévouement patriotique le désir d'une liberté personnelle sur laquelle bon nombre de femmes n'ont pas d'idées bien nettes, mais que toutes ressentent avec une grande intensité.

Ce serait cependant une grosse erreur de croire qu'il y a dans ce fait un besoin de la nature, une sorte d'appétence normale, que les lois et les usages des peuples civilisés sont venus contrarier, en lui opposant les sottes entraves d'une pudeur inopportune, et la crainte de l'opinion toujours prête à crier au scandale contre quiconque s'avise de manquer aux règles d'une convention surannée. Non ! Dans ce désir, il y a un peu de jalousie, un peu plus de lassitude, et beaucoup de curiosité.

La femme — je ne parle ici que de la

femme qui revendique son indépendance —
la femme voudrait mener la vie de garçon,
parce que les hommes en ont le privilège.
Mais on conviendra, par un simple effort
de bon sens, que cette existence-là ne pourrait, en aucun cas, être menée par elle. Son
rôle n'est pas le même que le nôtre dans
l'humanité ; par conséquent, sa manière de
vivre doit différer.

Je sais bien que parfois la femme n'a pas
à se louer soit du compagnon à qui un'monsieur, ceint d'une écharpe, l'a unie, soit du
manque absolu des compagnons désireux
d'échanger l'anneau nuptial avec elle ; son
devoir lui paraît alors bien pesant, et les
causes sont multiples qui conduisent son
cerveau lassé et troublé à ces songeries de
tendresses éternelles, de communions ena-
mourées, que les légendes et les romans
font vivre dans l'esprit, et dont le souvenir

charmant va sommeiller au fond du cœur.
Mais ce n'est pas encore là le principal
motif.

Sa curiosité, voilà la cause des chutes les
plus profondes, voilà le mobile le plus sérieux de ces appels désespérés à la liberté
absolue de soi.

Eh ! mon Dieu ! elle est donc bien attachante à connaître, cette réalité. La vie
leur est donc bien gaie, bien heureuse, à
celles qui, devançant ce qui demain peut-
être sera la loi de toutes, ont commis ce
qu'aujourd'hui les Prud'hommes appellent
une faute, en baissant les yeux.

Supposons deux femmes, du même âge,
marchant le même jour à l'hymen, comme
disaient nos pères, et demandons-nous
quels sentiments les animent.

L'une a vécu en garçon — pardon, en
fille. — La vie à deux n'a plus aucun secret

pour elle. Elle a aimé, elle a été aimée.
Disons le mot, le mot brutal qu'on jette à la
plupart des hommes, à leur entrée en ménage : Elle a fait la noce et elle fait une fin.
Qu'apporte-t-elle à son mari ?

Une âme flétrie ; un corps souillé. Ce
qu'elle contracte, c'est une association dont
les intérêts resteront divisés au lieu de se
confondre. L'homme n'a plus à la protéger ;
elle est son égale, physiquement, moralement, et immoralement. De surprises, elle
n'en connaît point ; éducation complète sous
tous les rapports ; du respect, elle n'en demande ni n'en inspire, puisqu'elle apporte
dans le mariage son indépendance de céli-
bataire, et que son passé laisse pour l'avenir la porte ouverte à tous les soupçons.

L'autre fiancée, au contraire, élevée dans
le giron de la famille, comme au bon vieux
temps, nature novice et âme neuve, marche

à l'événement de sa nouvelle existence avec toute l'ardeur de ses rêves d'innocente et virginale passion. Son esprit est plein de visions et d'enchantements, mais elle aura besoin d'en être aveuglée, pour n'apercevoir pas les tristesses de son foyer, pour ne pas souffrir avec trop d'acuité des déceptions qui peut-être viendront effeuiller une à une ses plus chères, ses plus délicieuses espérances. Elle attend du compagnon qu'elle a choisi la révélation du grand mystère qu'elle devine, sans le comprendre ; et elle appellera *surprise* ce que l'autre, celle de tout à l'heure, la femme savante, la femme libre appelait *dégoût*, ou *regret*. Elle s'étonne, l'autre compare : elle aime, l'autre juge.

N'est-ce pas ainsi que les choses se passeraient ; n'est-ce pas ainsi qu'elles se passent de nos jours, dans des espèces pareillement présentées. Et l'on viendra

nous dire : « Vous voilà bien, hommes
égoïstes. Tout ce que vous faites, vous
défendez aux femmes de le faire. » Je réponds d'un seul mot qui est tout à la gloire
du sexe prétendu faible. L'amour est
comme perdu dans l'âme vaste de l'homme ;
dans celle de la femme, au contraire, l'a-
mour remplit tout l'espace qu'il rencontre,
si grand que soit cet espace.

Eh bien ! Comment a-t-on permis aux
femmes d'espérer un jour cette liberté
d'elles-mêmes. On les a instruites. Loin
de moi la pensée de suivre J.-J. Rousseau,
et de m'écrier avec lui : « La femme est
faite pour plaire à l'homme. La dépendance
est son état naturel, l'assujettissement son
lot... Jeune, elle doit s'accoutumer à voir
interrompre ses jeux sans se plaindre, à ne
rien faire quand il lui plairait de travailler,
à n'avoir ni goût, ni volonté. »

Je trouve au contraire qu'il faut donner une instruction à la femme, une instruction solide, mais une instruction spéciale. Pour savoir l'orthographe, pour ne pas ignorer ce qui peut entrer dans la banalité de la conversation, est-il nécessaire qu'elle pâlisse sur toutes les abstractions de la science, qu'elle approfondisse les graves enseignements de la philosophie de l'histoire, qu'elle s'écœure aux phénomènes parfois peu ragoûtants de la physiologie, qu'elle maigrisse sur les insondables problèmes de la métaphysique, qu'elle se dessèche sur les études arides de la philologie, qu'en un mot elle suive un enseignement qui la conduirait à des chaires, à l'occupation desquelles un ministre, fût-il gracieux comme pas un, ne saurait la désigner? Nullement, et je suis convaincu qu'à l'époque des examens, beaucoup de familles pensent comme moi.

2

On a chargé outre mesure les programmes
d'enseignement des femmes, et c'est là ce
qui a fait surgir des bancs de l'école ces
blondes évaporées en manches de lustrine,
qui vous démontrent au tableau noir, avec
la craie, par $A + B$, qu'elles doivent être
libres, indépendantes, qu'il y a assez longtemps qu'elles traînent leur boulet, et
qu'enfin l'heure est venue de rompre avec
l'antique et ridicule esclavage. A elles, le
tabac et les bocks, et les brasseries et les
parties fines dans les restaurants de nuit,
et tout le reste, tout ce que les imaginations de femmes, ces êtres charmants et
terribles, peuvent concevoir de bizarre, de
nerveusement malsain et d'échevelé.

Cet esclavage-là, avec ses doléances que
la galanterie nous force d'écouter, et ses
révoltes, si pleines de dangers et de séductions, menace de nous amener un siècle de

bas-bleus, d'une terrible poussée. Que deviendrons-nous alors?

Je crois pourtant que ces dames seront les premières à s'en plaindre. Aristophane, ce profond philosophe, cet admirable voyant, n'a-t-il pas montré quelque part les femmes aux affaires publiques et leur piteuse retraite? Ce que la femme doit comprendre, c'est qu'elle est l'attribut principal de la famille. Qu'elle soit donc ce qu'elle est, l'être faible et privilégié, qu'on aime, qu'on protège et qu'on respecte, et qu'elle se souvienne de cette belle maxime éternellement vraie de l'*Hitopadésa* :

« Une femme doit être sous la garde de son père pendant son enfance, sous la garde de son mari pendant sa jeunesse, sous la garde de ses fils pendant sa vieillesse, et jamais indépendante. »

II

LE MARI DE L' « AUTHORESS »

Supposons que la femme a conquis son indépendance, comme elle l'entend. Cet état nouveau fait surgir immédiatement en l'esprit une foule de questions : mais il y en a une surtout qui intéresse au plus haut degré, dans ce moment de fécondation littéraire à outrance, la bonne direction des ménages : « Les tribunaux peuvent-ils, au refus du mari, autoriser la femme à publier une œuvre littéraire ou à faire représenter une œuvre dramatique ? »

2.

La question est tout actuelle, et je crois
que la meilleure façon d'y répondre est de ne
pas la placer sur le terrain du sentiment.
Avec sa prétention de juger toutes choses
sous le seul aspect de la réalité même, le
monde d'aujourd'hui s'est mis à accepter
au contraire toutes les mièvreries d'une délicatesse factice, avec un superflu d'émotion qui met des larmes de crocodile sous
les paupières et un certain trouble dans
l'entendement. Donc, pas de sentiment de
notre part ; d'ailleurs dans les manifestations
littéraires ou artistiques, il y a la plupart du
temps une spéculation d'un ordre tout ma-
tériel, et nous serions d'avis que, dans les
questions où doivent parler les chiffres, le
sentiment doit être obstinément écarté.

Quel sera donc notre point de vue ? Celui
de la raison ; celui de la morale par conséquent. La vraie morale en effet, celle qui

n'est pas étroite, celle qui ignore les compromis complaisants, celle qui est la même
pour tous, quel que soit d'ailleurs le degré
d'éducation de chacun, celle qui ne repose
pas sur des pudibonderies ridicules, cette
vraie morale ne trouve-t-elle pas son critérium dans sa raison pure !

Nous ne disons pas la logique, qui avec
ses inflexibilités d'école ouvre la porte à
l'inanité des paradoxes. Ce que nous enten-
dons au contraire, c'est une morale pratique, qui sache accorder les nécessités de
la vie avec les lois inviolables de la conscience. Eh bien ! c'est au nom de cette
morale, de cette raison, que nous déclarons
que les tribunaux ne peuvent pas, au refus
du mari, autoriser la femme à publier une
œuvre littéraire ou à faire représenter une
œuvre dramatique.

Nous supposons, bien entendu, que le

mari qui refuse cette autorisation est un mari sérieux, intelligent, préoccupé de ses devoirs d'époux et de ses responsabilités, vivant avec sa femme, et appuyant sa décision de causes mûrement réfléchies.

Il est évident que si les époux étaient séparés, et que les œuvres de la femme ne présentassent absolument que le caractère d'œuvres littéraires et dramatiques, sans mauvaise interprétation possible de vengeance ou de diffamation, le mari serait mal venu d'empêcher sa femme, étrangère de fait à sa vie, sinon de droit, de se procurer par cette carrière, qui peut être fort honorable, des ressources nécessaires ou simplement accessoires, qu'il serait dans l'impossibilité de lui accorder.

Mais un mari raisonnable, pendant la vie commune, peut invoquer une foule de motifs pour emp êcher sa femme de livrer à

la publicité, soit du journal, soit du théâtre,
une œuvre dont elle est l'auteur.

Le premier de tous, celui qui est le plus
terre à terre, c'est que la femme qui écrit
perd, pour son ménage, le temps qu'elle
consacre à ses livres ou à ses drames. Ce
n'est pas que l'épouse doive se tenir toute
la journée, dans sa demeure, avec un plu-
meau à la main ; mais elle a besoin qu'on
sente son regard planer partout, qu'on la
voie présider, en personne et attentive, à
toutes les besognes domestiques. Ces be-
sognes-là, la femme de lettres ne les connaît plus.

Pour peu qu'elle ait du talent, le succès
dont on l'entoure, dont on la flatte par pur
esprit de galanterie, lui fait croire à une
manière de supériorité. Or la femme qui se
croit supérieure à son mari est perdue ou
près de se perdre.

Ceci n'est pas une théorie égoïste; tous les jours nous en apportent de nouvelles preuves. Voyez les femmes brevetées ou bachelières, qui épousent de petits industriels, dont le cerveau ne s'est jamais élevé plus haut que leur enseigne de boutique et qui contemplent l'orthographe comme une divinité mystérieuse, au culte de laquelle ils ne seront jamais admis, en dépit de notre siècle, où ceux qui professent l'instruction sont presque aussi nombreux que ceux qui la reçoivent. Dans la joie qu'elles éprouvent d'écraser leur mari du poids de leur érudition, elles puisent une sorte de dédain pour l'homme qui leur a donné son nom; elles ont honte de ce compagnon de la vie, incapable de les comprendre. Et comme elles ont avant tout l'orgueil de vouloir être comprises, elles cherchent ailleurs l'âme d'élite rêvée, et elles s'égarent.

Avec leur imagination, les femmes qui écrivent se créent un monde irréel, où leur nervosité apporte de dangereuses fictions et des erreurs trop séduisantes, pour qu'il n'y soit pas obéi. Elles perdent la notion juste des choses; elles n'acceptent que contraintes la banalité de ce qui les entoure; à force de se poser des problèmes, où toutes les passions sont en jeu, elles finissent par être torturées du désir de vivre ces problèmes, et s'éveillent un matin dans cette embarrassante alternative, ou de souffrir, si elles ne tombent pas, ou de tomber, si elles ne veulent plus souffrir. Et les faits sont là pour établir que la deuxième solution est la plus communément adoptée. On pourrait même affirmer que les *authoress* les plus illustres ont été de déplorables épouses.

La vie littéraire, qui oserait le nier, les

oblige à des relations que le mari ne saurait encourager. Ce sont des confrater-
nités, qui, pour être très honnêtes et très
loyales, n'en donnent pas moins à jaser à la
méchanceté humaine; ce sont des sorties
fréquentes, des familiarités avec un tas de
gens qu'on traite d'amis, sans même connaître leur nom; des allures, qui, pour ne
pas sembler bourgeoises, affecteront le débraillé désastreux de la bohême, ou l'excentricité ridicule et prétentieuse de la mode
du lendemain.

Ces relations ont un autre inconvénient :
elles ameutent contre la femme tout le cortège malsain des indiscrétions et des calomnies. Qu'on fouille dans la vie intime
d'un homme, cela ne lui cause aucun dommage; comme on sait que généralement il
peut répondre, on ne dit jamais que ce qui
s'y trouve.

Chez une femme, c'est autre chose. Sous
prétexte de ménager galamment ce qui est
le secret de son foyer, on n'ose pas approfondir, mais on laisse libre cours à toutes
les suppositions ; on raconte à demi-mot
de petits scandales inventés à plaisir ; on
fait des gorges chaudes de révélations très
mal fondées, qui ont pour but de rendre
ridicule la femme ou son mari, et cela sous
le prétexte que l'écrivain, qui s'adresse au
public, appartient à ce public non seulement en son œuvre, mais en lui-même ; on
remue, surtout quand l'écrivain est une
femme, toute cette boue qui s'amoncelle à
l'office, tout ce torrent d'infamies que la
haine lâche des mercenaires fait déborder.

Quand il s'agit de théâtre, les choses vont
au pis: C'est tout ce monde bizarre qu'il
faut coudoyer, ce monde où, comme le dit
Albert Wolff, dans un des chapitres de *la*

Gloriole, la vertu ne saurait exister. Nous avons déjà dit, dans un livre sans doute oublié, et bien d'autres l'ont dit avant nous, quelle promiscuité règne dans les coulisses, et l'on comprend quel danger plus grand elles doivent offrir à une femme que le désir de faire triompher une œuvre d'elle peut forcer à toutes les faiblesses, surtout quand elle doit compter sur un mari pour endosser toutes les suites de ces fautes très littéraires, mais extraconjugales.

Si donc les tribunaux s'ingéraient dans ces affaires domestiques, s'ils autorisaient la femme à une publicité refusée par le mari, ils accepteraient d'avance les responsabilités de ces ménages désunis, de ces épouses oublieuses de leurs devoirs, de ces foyers devenus déserts, de ces chutes criminelles. Ils se feraient les complices de toutes les irrégularités qui atteignent l'hon-

neur du mari en flétrissant celui de la
femme ; qui souillent d'une tache indélébile
le berceau des enfants, en souillant le lit
où se trahit l'impudeur de ces mères indignes.

Loin de nous la pensée de blâmer les
femmes de lettres et de leur refuser impi-
toyablement la liberté d'écrire. Il y en a
aujourd'hui qui ont infiniment de talent ; il
y en avait hier qui avaient presque du
génie, et ce serait vouloir commettre un
crime contre l'esprit et le bon goût, une
faute contre l'équité, de ne pas rendre à
chacune la justice qui lui est due. Il en est,
comme Mᵐᵉ Desbordes-Valmore, pour n'en
citer qu'une, que nous ne saurions trop ad-
admirer ; car elle était restée femme et
mère, cette grande oubliée, dans ses poèmes
admirables. Elle nous a raconté toute sa
vie, toute son âme tendre dans des vers qui

resteront. La gloire plane sur son nom, il n'est pas un mari qui ne serait fier de s'y associer, en autorisant sa femme à publier de semblables œuvres.

Mais, nous le répétons, il est, pour la bonne direction d'un ménage, pour la sécurité d'honneur du foyer, des actes dont le mari doit être le seul juge. Reconnaître aux tribunaux le droit d'autorisation discuté par la Conférence des avocats, ce serait enlever au mari ce privilège important d'être le maître absolu de cette société légale qu'on appelle le mariage; ce serait introduire imprudemment un tiers puissant et dangereux entre les époux, ce serait paralyser la lourde tâche de ce chef de famille, et rapetisser son rôle au foyer.

III

BAS-BLEU

Et tenez, je vais vous conter l'histoire d'un livre qu'un mari n'aurait jamais autorisé, et que la femme, indépendante, qui en est l'auteur doit certainement regretter. Mais d'abord une question :

Aimez-vous les romans à clef ?

Moi, je les ai en horreur. Il est rare en effet qu'un pareil livre ne constitue pas une mauvaise action.

Qu'un romancier s'inspire de ce qu'il

3.

voit vivre autour de lui, pour donner à ses
personnages plus de vérité, il n'y a là rien
que de juste, de naturel, de permis. Mais
que le romancier photographie la vie dans
les feuillets de son œuvre, qu'il nous présente avec une scrupuleuse exactitude non
des types mais des individualités, et
qu'après en avoir fait un portrait à la vrai-
semblance duquel on ne peut se méprendre,
il le charge des crimes les plus noirs, voilà
ce qu'on ne peut souffrir, parce qu'il est
bien difficile alors de savoir là où l'historien fait place à l'homme d'imagination, là
où la vérité s'arrête pour se dérober derrière la fiction.

D'autre part, le public est généralement
assez disposé à mettre des noms sous les
masques du romancier, sans qu'il soit utile
de fournir un aliment à cette curiosité malsaine. Cela est cause d'erreurs regrettables,

mais qu'il est trop tard pour regretter. Par les indiscrétions qu'ils éveillent, les romans de cette catégorie servent à colporter des légendes ridicules ou des calomnies scandaleuses.

N'est-ce pas déjà trop quand les invraisemblances du livre se rencontrent avec les invraisemblances de la vie, ce qui donne lieu, on l'a déjà vu, et j'aurai prochainement l'occasion d'y revenir, à d'injustes colères, et, par suite, à des représailles injustes.

Mais ce n'est pas de cela surtout qu'il s'agit; et j'entre de suite dans mon sujet.

Un éditeur parisien a publié un livre d'un auteur déjà connu, et ce livre est un chapitre détaché de la vie de cet auteur.

Je ne dirai ni le nom des personnages ni le titre du roman : au point de vue moral, je considère ce dernier comme une ma-

nœuvre coupable, et je me ferais un scrupule de chanter autour de lui la moindre
réclame ; sachant depuis longtemps que le
public a du goût pour ce qu'on voudrait lui
défendre, sachant donc qu'en précisant
l'ouvrage auquel se rapportent ces lignes,
je deviendrais le complice bénévole de sa
vulgarisation.

Je dirai cependant que l'auteur est une
jeune femme, mal dissimulée sous un pseu-
donyme masculin, car au verso du faux-
titre, elle a soin d'inscrire la liste de ses
œuvres précédentes, parues sous ses deux
noms, le vrai et le faux. Donc pas de doute.
Le lecteur sait de suite à qui il a affaire.
Sous chacun des personnages, il y a une
figure connue, que tout dans la marche du
récit, dans les dates rappelées, dans les
fonctions, dans les moindres détails sert à
reconnaître.

Or, à notre époque, où le nombre des
femmes de lettres, sans égaler celui des
cailloux de la mer, rend des points certainement à celui des apprentis ministres
qui se sont succédé chez nous depuis
vingt ans; à notre époque, ce sont là des
mœurs littéraires nouvelles, dont les
manifestations ne sauraient passer inaper-
çues.

Dans le cas qui nous occupe, le succès, si
l'on peut appeler cela un succès, est complet. On approuve et on blâme, avec la
plus humaine des partialités; c'est dire que
chacun suit, pour la formule de son appréciation, l'instinct trompeur de ses sympathies ou de ses antipathies.

Tout d'abord, après avoir lu le livre,
j'espérais pour le talent de l'auteur, qui est
très réel, et pour sa qualité de femme, que
nul n'a le droit de méconnaître, j'espérais

qu'on fermerait les yeux sur le drame vécu
dont le livre est la traduction, et qu'on se
bornerait à mettre en relief le seul mérite
de l'écrivain.

Mais voilà que les révélations marchent
leur train ; les héros reprennent leur figure
véritable ; on en cause tout haut, après en
avoir chuchoté tout bas ; on se passionne,
on prend parti pour l'un ou l'autre des êtres
mis en présence.

De deux personnes m'abordant un jour,
le volume à la main, l'une m'a dit :

« Avez-vous lu ? Est-ce assez tapé,
hein ? »

L'autre, avec un geste d'indignation,
s'est écriée :

« Avez-vous lu ? C'est une infamie ! »

Je ne vais pas aussi loin que mes deux
interlocuteurs, et je leur réponds simplement :

« Oui, j'ai lu. C'est imprudent, ou mieux même, impudent. »

Que nous est-il donc conté dans ce roman ? Rien qui ne soit la vie de tous les jours ; une de ces intrigues banales qui se jouent à tous les dégrés de l'échelle sociale ; une de ces attirances passionnelles qui préparent les chutes irréparables, les maternités indignes, et les remords que le temps jamais ne cicatrise.

Une jeune fille a rencontré un jeune homme : tous deux se sont aimés ; la jeune fille s'est livrée librement : elle est devenue mère : puis l'amant s'est lassé ; il a abandonné la malheureuse, non cependant sans reconnaître, et garder près de lui sa fille, le fruit de l'amour coupable, à qui il donne son nom, sans hésiter un seul instant.

Et c'est cet homme qu'on veut faire passer pour un misérable ? Mais au milieu de tous les actes à lui reprochés dans le roman, qui n'est en quelque sorte qu'un long réquisitoire, éloquent, j'en conviens, cette reconnaissance de l'enfant dont il est l'auteur me semble assez rare, malheureusement, pour mériter bien des indulgences.

Laissons tout l'arsenal des galanteries de sentiment, et raisonnons, si vous le voulez bien, avec logique. Ne voyons pas partout des affaires de cœur, quand la plupart du temps la satisfaction énervée des sens empêche justement d'examiner si le cœur en question est digne de la confiance qu'on lui accorde, s'il vaut qu'on se livre à lui, s'il est capable, dans cette communion de tendresse à laquelle on le convie ou on l'admet, s'il est capable d'une protection efficace, patiente, durable.

La vie de garçon, qui que ce soit qui la mène, est sujette aux mêmes défaillances, aux mêmes incertitudes, aux mêmes trahisons.

Or, la femme qui accepte l'union libre, la femme qui, obéissant à des appétits indépendants, n'a pas la force d'attendre le jour où elle aura le devoir de se livrer à son mari, la femme qui oublie les réserves imposées par son sexe et ne résiste pas à la curiosité de vivre cette pudeur à deux, qui ne tarde pas à devenir l'impudeur et le dévergondage à deux, cette femme-là n'a pas le droit de mettre la société dans le secret de ses larmes ; elle n'a pas le droit de jeter à la face de celui qu'elle a choisi librement et qu'elle est libre de quitter, le reproche d'une perfidie, contre laquelle personne ne peut la soutenir. La pitié qu'elle demande, tout le monde la lui refusera, comme on la refuse à l'homme que trahit une maîtresse.

On va me dire que c'est là de l'égoïsme

masculin ; qu'une pareille sévérité est inad-
missible ; qu'il faut n'avoir pas de justice,
pas d'entrailles, pour montrer si grande
sécheresse de sentiment ; que toute chute,
si profonde soit-elle, peut toujours réclamer
un rayon de pitié.

De la pitié? Mais en a-t-elle eu, la jeune
fille, qui au mépris de l'éducation rigoureusement honnête reçue au foyer, a quitté le
bras du père infirme, pour s'appuyer sur
celui d'un amant ? En a-t-elle eu, lorsqu'elle
a menti outrageusement aux questions que
lui posait ce père plein de confiance? En a-
t-elle eu lorsqu'elle a forcé sa mère, l'épouse
irréprochable, brisée par la révélation de la
faute, à devenir la complice de ses excuses
trompeuses, presque de son infamie ?

Ceux-là qui avaient toujours fait leur
devoir auprès de la fille unique, de la fille
bien-aimée, étaient-ils indignes de pitié ?

Pourtant la fille n'en a senti aucune battre dans son sein. Et l'on parlera de sentiment, et de cœur, et d'affection, dans ces commerces d'amour ! Allons donc ! Il n'y a là qu'un entraînement de la chair, servi par une philosophie complaisante ; et sous cette manière d'affranchissement à toutes les conventions sociales, on ne découvre que trop la servitude effrontément acceptée, la servitude qui enivre pour une heure, et qui flétrit pour toujours !

Voilà ce que j'ai lu dans ce livre, et sans m'intéresser au héros à qui l'on fait jouer un vilain rôle, je ne puis me sentir attendri par l'héroïne, malgré les fleurs dont la couvre l'auteur, malgré la peinture délicate et attachante qu'il en trace, malgré toutes les excuses qu'il fait valoir pour nous gagner à son émotion.

Si donc, l'auteur, pour se venger d'un

amour brisé, nous fait pénétrer dans son intimité, et nous raconte en chargeant fort les couleurs, cette page cruelle de sa vie, l'auteur, qu'il me permette de le lui dire, a commis une méchante action.

Chez un homme, cette action serait une lâcheté ; commise par une femme, cette action, je ne la qualifierai pas. En rappelant son infortune passée, en s'énervant à ses remords cuisants, en voulant marquer d'un stigmate de honte et de ridicule l'homme à qui autrefois elle avait fait l'entier sacrifice de son honneur, la femme, en relisant ses pages écrites avec rage, a dû se courber, écrasée sous le châtiment qu'elle s'infligeait à elle-même.

Il y a des choses qu'il faut garder pour soi ; les choses d'amour sont du nombre : on peut être coupable de les oublier tout à fait ; on fait toujours preuve d'une grande

âme, et d'une nature élevée, quand on a le
courage d'être seul à s'en souvenir.

Dès maintenant, la jeune femme, auteur
du roman dont je parle, doit certainement
regretter sa confession. Elle s'est ainsi
privée de conserver dans son âme d'artiste
merveilleusement douée, et de femme fière,
ce grave secret qui, à une époque plus lointaine de sa vie, aurait dépouillé sa tristesse
et son amertume, pour lui sembler le reflet
d'un rêve mêlé d'angoisses douloureuses et
d'ivresses chéries. Plus tard, avec l'âge,
elle ne connaîtra pas cette sereine accalmie,
car elle aura toujours devant sa pensée
prête à sourire, prête à pardonner peut-
être, — si toutefois elle a un pardon à
donner — le fantôme de sa laide vengeance,
cette vengeance qui ne la vengera pas, cette
vengeance de bas-bleu.

IV

LE MOIS DES COURONNES

Mais revenons à la situation de la femme : l'attrait des positions libérales s'exerce sur elle, de plus en plus. Elle fait ce rêve d'obtenir un de ces mille diplômes qui parlent de prérogatives mais ne donnent qu'un pain problématique. Elles commencent des études et, tout le long de l'année, elles ne voient en rêve que le mois de juillet, le mois des couronnes ! Il semble qu'une fièvre toute spéciale, la fièvre du laurier, se soit emparée de tous les esprits, et qu'on assiste à une continue distribution solennelle des prix.

Je ne parle pas, bien entendu, de la terminaison traditionnelle de l'année scolaire. Pour ce qui est de cette fête du travail appartenant à la jeunesse, il n'y a qu'à demander le respect de l'ancienne coutume. Les discours d'usage n'y sont pas très éloquents ; les autres non plus, mais tous ces enfants, ignorant encore la vie, sont si heureux ! Il y a dans cette solennité une si excellente école de justice, une si jolie promesse d'équité dans l'existence qui s'ouvre devant eux !

Où je trouve qu'il y a trop de couronnes, c'est dans cette multiplicité de concours qui ont lieu à tous les coins de Paris et même de la France. On y voit siéger les jurys les plus fantaisistes ; dans la disette de jurés, on appelle à cet honneur des hommes qui apportent dans l'exercice de leur mandat éphémère toutes les rancunes d'anciens subordonnés ; ils ne se souviennent plus qu'hier encore ils étaient concurrents, et les voilà faisant supporter à tort et à travers... et à tous, le lourd fardeau de leur aigreur passée. Tous les ans, les concours entre les écoles de la ville de Paris, sont le théâtre de ces petitesses indignes et je m'étonne d'avoir à les signaler à l'autorité compétente.

Mais laissons pour l'instant les arts d'agrément forcés, dans les écoles gratuites de la Ville; et ne nous occupons que des gens qui cultivent un art, avec l'idée fixe d'une vocation nettement déterminée. Que se passe-t-il donc aujourd'hui? Comme ils ont vu que sur la place, le métier d'artiste

célèbre se cote très haut, beaucoup de gens
jeunes, grisés par une espérance, et bernés
aussi par les flatteries mensongères de ceux
qui les entourent, se précipitent dans les
cours, dans les académies, dans les céna-
cles, où l'on apprend à être un grand peintre, ou un grand ténor, comme on peut
apprendre à être conducteur d'omnibus ou
distributeur d'imprimés.

Et tous les jours, comme le nombre de
ces aspirants augmente, le nombre des re-
fuges pour ces éclopés de la raison augmente
pareillement. D'ailleurs, à l'endroit de ceux
qui tiennent la tête, l'affaire est lucrative
comme toutes celles où il faut avoir l'aplomb
de spéculer effrontément sur l'amour-propre
humain ou la bêtise humaine.

Aussi, que voyez-vous ? Ils sont cinquante pour se ruer sur les grands prix de
Rome, cinq cents pour demander les pre-

miers prix de chant, cinq mille pour se dis-
puter les médailles du Salon, cinquante
mille pour profaner Chopin au piano et faire
maudire Beethoven de leurs voisins. Ah !
certes, il y a du talent dans ce gros d'armée
— ils se nomment tous les soldats de l'art
— il y a réellement des tempéraments qui
se développent, des natures qui se révèlent.
Mais il n'y a pas de génie qui se crée, et
pour quelques-uns qui atteignent au but,
combien restent noyés dans la foule ! Combien ne sortent jamais de cette erreur qui
a engourdi leur volonté pour la vie.

Ce n'est pas là, qu'on le sache bien, une
thèse générale avancée à plaisir pour avoir
l'air de crier à la décadence. Nullement. Je
n'affirmerai pas que mon temps est supérieur à un autre parce que n'ai jamais
songé à cette équation et qu'elle me semble
impossible à résoudre, mais je me ferais

un scrupule à déclarer qu'il est plus mauvais que les précédents parce qu'étant
partie au jugement, il me serait bien difficile sur ce terrain, qui touche à l'économie
sociale contemporaine, de me prononcer
avec toute l'impartialité voulue.

Mais j'ai sous les yeux quelques notes
recueillies çà et là, et qui montrent ce que
peuvent devenir les heureux que la renommée et les succès semblent le mieux favoriser.

Voici, par exemple, un prix de Rome
pour la section de musique. Travailleur
acharné, il a marqué son passage à la villa
Médicis en recevant les éloges les plus cha-
leureux et les plus mérités. Puis il est
revenu à Paris : le théâtre est resté fermé
pour lui ; les éditeurs, après avoir gratuitement tiré d'importants services de celui
qu'ils baptisaient de l'ironique sobriquet de

maître, lui ont tourné le dos. Des leçons, aucune : ses essais de composition, du temps perdu : lui-même perdait confiance. Les cheveux blanchirent ; les besoins du repos augmentèrent avec l'âge ; il fallait vi- vre tout de même. Le malheureux devint gar- çon de bureau d'une maison de banque (?) de la rue d'Orsel, et mourut l'an dernier d'un froid pris en lavant la devanture. O l'harmonie, ô le contre-point !

Cet autre, ancien élève de Delacroix, ami de tous les disciples d'une grande école, eut des tableaux admis aux Salons. Il eut, à la première heure, du succès ; son nom s'étala en bonne place dans les comptes ren- dus de la critique. About, il y a trente ans de cela, eut pour lui d'élogieuses paroles. Sur le cadre de ses œuvres, on pouvait lire un H. C. triomphant, et dans tel et tel mu- sée de province, les promeneurs s'arrêtent

devant de grandes toiles de lui, inscrites au
catalogue avec cette mention : *Offert par
l'État*. Arrhes stériles payées par les traî-
trises de la renommée. Promesses en un
jour ruinées par les caprices du Destin.

Cet artiste qui, lui aussi, crut pouvoir
un moment trancher du maître, celui que
Delacroix à une époque appela son favori,
celui que tutoyait Murger, celui à qui
Victor Hugo écrivait ce mot: « Ami, j'ap-
plaudis à ta dernière œuvre ; tu peins avec
de la lumière, et ta couleur est une harmonie. » Cet artiste est concierge d'une
mairie suburbaine !

Autre exemple : Le hasard d'une sortie
matinale me fit, l'an dernier, assister à une
scène poignante que voici :

A la porte d'un magasin de meubles du
boulevard Magenta, un de ces magasins où
déborde le flux disparate de l'hôtel Drouot,

il y avait un piano sur le trottoir. Le marchand était occupé dans le fond de sa boutique, et les passants à ce moment ne se faisant pas acheteurs, il ne se hâtait pas de mettre en ordre son étalage. Devant le piano, une balayeuse s'était arrêtée. Immobile, les mains croisées sur le manche du « pinceau », et le menton posé tristement sur les mains, elle regardait le palissandre craflé de l'instrument. Puis, laissant tomber son balai, et faisant un pas en avant, lentement, glissant presque comme si elle avait peur d'être vue, comme si sa volonté ne savait pas vouloir, comme si une lutte grave se livrait en elle, elle découvrit le clavier.

Sa main droite touche une note : le son vibre très bas, personne n'a dû l'entendre qu'elle. Elle risque une seconde note discrète, puis une troisième, puis une quatrième ; décidément elle est bien seule, le marchand est sans doute absent, car il n'a pas bondi pour défendre sa marchandise. Alors la jeune femme, car elle est jeune encore, poussée par un désir longtemps contenu, oubliant ce qu'elle est et où elle est, tire à elle un vieux fauteuil qui boitait à côté, s'assied devant le piano, et joue.

Ah! maintenant, il y a du monde autour d'elle ; mais elle ne s'en aperçoit pas : elle joue furieusement, elle joue avec rage, et son jeu a je ne sais quoi de passionné et de douloureux. Ce sont des débris de morceaux appris jadis, que la mémoire défaillante arrête en plein motif ; c'est la muse classique chantée par une voix modernement malade ; ce sont les échos de la renaissance musicale qui éclatent étrangement sollicités par ces doigts que le travail municipal a durcis. Et la balayeuse joue en-

core, et elle pleure, et elle rit, et elle devient pâle, et elle s'évanouit.

Comme tous ceux qui s'étaient pressés
pour l'écouter, j'étais profondément ému.
La balayeuse avait eu son heure — une
heure bien courte — de succès. Elle avait
remporté, il y a douze ou treize ans, son
prix au Conservatoire : mais une fatalité,
la maladie, la rareté des leçons, la fausse
honte de travailler à autre chose, que sais-
je, l'avait amenée là. De misère en misère,
de chute en chute, elle avait dû se réfugier
dans une équipe de journaliers et donner,
en échange d'un morceau de pain, un coup
de main à la toilette des rues.

Je n'en finirais pas, s'il me fallait exposer ici la liste complète des égarés du talent et de l'art, et de ces égarés, — qu'on
le sache bien, — qui appartenaient à une
époque où l'encombrement était moindre

5.

qu'il ne l'est aujourd'hui. Aussi, devant
ces malheureux qui ont conçu, ne fût-ce
qu'un instant, l'ivresse du rêve réalisé,
quand je songe à tous ceux dont la main
est restée tendue vainement vers cette aumône de joie passagère, je demeure effrayé
et je tremble pour les misères innombrables dont l'imprudence des flatteurs
indifférents et l'aveuglement des gens
écartés par ceux-ci de leur route, nous
prépare l'invasion.

Ah! s'il en est temps encore, qu'on les
fasse donc rentrer dans la vérité, ces infir-
mes d'une trompeuse chimère! Qu'on les
rende donc à l'honnêteté et à la discrétion
calme d'une profession industrielle; qu'on
leur montre dans ce mirage qui les fas-
cine tous les obstacles que seuls quelques
privilégiés pourront surmonter, qu'on
leur montre aussi, après l'échec nécessaire,

la sérénité d'âme enfuie à jamais, le droit
au repos invariablement refusé, la conscience ébranlée jusqu'à perdre là notion
de ce qui est juste; et toute la vie en un
mot gâtée, gaspillée, souvent flétrie, parce
qu'on a manqué d'un bon conseil pour éviter
l'écueil, parce qu'on a suivi un mouvement
d'opinion erroné qui faisait croire à la con-
quête rapide, facile et glorieuse de la fortune, là où le vice tend d'infaillibles pièges
à la famine ; parce qu'on a eu trop l'impatience de ne pas attendre ou la sottise de
trop espérer !

Oui ! trop de couronnes, trop de couronnes. Entre ceux qui se constituent
les juges, et ceux qui s'exposent au jugement, la proportion numérique n'existe
plus. Qu'on trouve un moyen de remédier
à cet emballement dangereux. Certes l'art
est une des richesses les plus précieuses

d'une grande nation. Mais à l'art, il faut des artistes, et les vrais artistes ne sont qu'une élite. La masse n'a pas droit de prétendre à ce titre. C'est la tromper que de lui faire croire qu'il en est autrement; c'est vouloir enfreindre au vrai principe d'égalité qu'énonçait Aristote : « Traiter inégalement des choses inégales. »

V

GYNÉCÉE MUSICAL

Je dois avouer cependant, que lorsque les femmes se mettent à être de vraies artistes, elles le sont avec un magnifique éclat.

Une femme de grand esprit, dont les lecteurs du *Temps* ont applaudi les romans, nous disait un jour : « Vous avez le tort, vous autres hommes, de ne pas considérer les femmes comme des *confrères*, quand elles occupent leurs loisirs à cultiver un art

quelconque, littérature, peinture ou musique. Pourtant l'Art est ouvert à toutes les
intelligences, à toutes les inspirations, et
le sexe doit disparaître devant l'œuvre
créée. »

Ceci semble très logique, et l'on ne saurait faire acte de justice en refusant d'adhé-
rer à cette revendication de confraternité.
Pourtant je ne puis m'empêcher de déplorer ce désir des femmes, de n'être plus con-
sidérées comme telles. Certes, ce but
auquel elles aspirent, elles y arriveront ;
dans combien de temps, je l'ignore, mais
leur succès sur ce point est inévitable. L'art
n'y gagnera pas grand'chose ; la société y
perdra assurément.

La société y perdra, parce que la femme,
en tant que femme, a un pouvoir à exercer
sur cette société. Ce pouvoir, je dirai
presque ce devoir, c'est le charme, c'est ce

je ne sais quoi d'exquis qui avive l'imagination, plus encore qu'il n'éveille les sens. La femme est l'éternelle inspiratrice, et ce rôle est vraiment trop beau, pour qu'elle puisse songer à y renoncer; cette puissance est vraiment trop précieuse pour qu'elle puisse songer à l'abdiquer. J'en ai eu un soir la preuve très nette, en assistant à un concert donné chez Pleyel, et où le programme ne portait que des œuvres signées de noms de femmes.

N'en déplaise aux soiristes qui nous racontent par le menu l'esprit des salles de théâtre, je trouve que les salles de concert, si fréquentées par le public artiste, seraient parfaitement dignes de piquer leur curiosité et d'exciter leur verve.

C'est une fausse légende que celle qui représente ces réunions de dilettantes comme les solennelles assises de l'ennui;

et les claviers d'Erard ou de Pleyel, quand
ils chantent sous des mains habiles, savent
développer autre chose que des vapeurs de
pavot dans l'esprit d'auditoires somnolents.

D'abord, dans ces concerts, il y a plus
d'intimité que dans un théâtre ; le public y
est plus homogène ; l'estrade et la salle ne
sont pas séparées par un pesant rideau de
fer ; ce ne sont pas deux mondes isolés, en
face l'un de l'autre. Il y a unité d'atmosphère, et les sensations qui en dérivent
n'en sont que plus profondes.

Tenez, au concert dont je parlais plus
haut, dès avant l'heure fixée par les invita-
tions, chacun était à sa place. C'était, sous
la clarté timide des lustres encore baissés,
une jolie harmonie de toilettes et de cha-
peaux aux couleurs claires, et, dans le
balancement des éventails, un chuchote-
ment très animé, et discret pourtant, auquel

le roulement des voitures, amenant de nouveaux auditeurs, mettait comme une pédale sourde.

Mais la lumière est levée, et les premiers accords retentissent. Madame Roger Miclos est assise au piano. Vous connaissez la grande artiste. En pleine maturité de talent et de beauté, elle impressionne autant les yeux que l'oreille. La tête un peu penchée en avant, les cheveux très noirs cerclés d'or, le col dégageant sa ligne souple et pure, les bras nus, la main élégante sans prétention, l'artiste joue et l'on est ravi. Ses yeux profonds, qui semblent lire en dedans, s'éclairent à la pensée que le clavier traduit et, sous ses doigts déliés et fins, ce clavier a tour à tour des sonorités puissantes comme d'éclatantes fanfares ou des chansons douces comme des rêves d'enfant. Tantôt ce sont les notes qui s'égrènent lim-

pides et folles comme des poussières d'or
escaladant un rayon de soleil, tantôt c'est
une voix qui gémit, c'est une âme qui
pleure, c'est un parfum qui déserte la rose
effeuillée.

Et tout l'auditoire frissonne. Et les mains
battent en longs applaudissements. Et
lorsque l'artiste se retire, en la voyant si
calme dans sa robe blanche majestueuse-
ment drapée, on songe à la muse païenne
qui, d'après la mythologie antique, évoquait
l'immortelle poésie.

Et nous en sommes encore au premier
numéro du programme !

Une autre scène maintenant. Madame Ro-
ger-Miclos accompagne madame Edouard
Colonne, qui chante la délicieuse mélodie
de Gabrielle Ferrari : *A une fiancée.* O le
charmant duo que cette voix claire expres-
sive, vibrante, soutenue par le piano, docile

et généreux sous la main qui l'effleure. O le charmant duo que cette tête blonde, aux lèvres souriantes, aux dents étincelantes qui semble mordre chaque syllabe du poème, aux yeux tout d'azur qui bavardent ingénûment, et cette tête brune, au profil sévère, comme les ciseleurs d'autrefois en gravaient dans l'or des médailles ou l'onyx des camées, en souvenir des impératrices romaines.

Et toute la soirée ce sont de pareilles visions ; ce sont des noms de femmes qui retentissent ; ce sont des voix de femmes qu'on entend, Marguerite Lavigne, Marie Delorn ; ce sont des inspirations de femmes qu'on applaudit, Pauline Viardot, Cécile Chaminade, une toute jeune, déjà célèbre presque, et que Benjamin Godard avait devinée, Augusta Holmès, cette grande artiste et cette grande pensée, dont l'âme s'envole très haut, très haut vers ce jardin de l'idéal, où fleurissent les chefs-d'œuvre !

C'est que la musique, plus qu'aucun autre art, est celui qui convient aux femmes, à cette condition, cependant, qu'elles y restent femmes.

Dans ce langage de la mélodie, dans ce langage de sensations, où toutes les délicatesses sont possibles, où toutes les nuances, si atténuées soient-elles, peuvent être exprimées, où l'inspiration créatrice' n'est aucunement gênée par la convention des mots, la femme, nature essentiellement sensitive, découvre une infinie variété de moyens, dont l'homme, lui-même, n'aurait jamais eu l'intuition.

Aussi combien elles étaient suggestives ces pages exécutées l'autre soir ! Pour chacun, tout disparaissait. La salle aux peintures blanches, avec ses appliques dorées, avait pris je ne sais quel aspect de décor féerique ; on n'était plus éclairé par le gaz banal, mais par des cires vierges, où se balançaient des flammes parfumées ; sur l'estrade même, la vision ne nous permettait plus de voir des artistes, mais bien des prêtresses faisant ruisseler sur l'autel d'un dieu invisible l'enivrante harmonie des sons !

Mais pourquoi ces effets étranges, dira-t-on ? Il y a pourtant des musiciennes qui n'ont jamais déterminé de pareilles imaginations et que le public écoute dans le plus absolu terre-à-terre. J'en conviens, et cet argument appuie davantage cette prière que nous adressons aux artistes : « Restez femmes ! »

Si, à la salle Pleyel, il n'en avait pas été ainsi, avec les noms qui se pressaient sous ma plume, tout à l'heure, personne n'aurait ressenti cette impression, qui nous a tous si profondément émus. Adieu alors cette éclatante poésie ! Adieu ces sensations si vives, qui nous ont entraînés, — pour une heure trop brève, hélas ! — dans le pays des enchanteresses rêveries, des enchanteresses tromperies !

Non, décidément, il ne faut pas que la femme qui se sent artiste et obéit à sa vocation, il ne faut pas que cette femme répudie son sexe, et veuille n'être plus qu'un *confrère !*

Et puis, dans le cœur de la femme, n'y a-t-il pas toujours celui de la mère ? Que devient alors, je vous le demande, la confraternité, cette noblesse de l'homme qui mène le combat de la pensée, auprès du devoir de la mère, qui mène le combat de la famille ?

Je sais une grande artiste, peut-être

l'une de celles dont je parlais tout à l'heure, qui, chaque fois qu'elle paraît devant le public, semble heureuse des hommages enthousiastes rendus à son talent et à sa beauté. Elle est heureuse, en effet, parce qu'en rentrant à son foyer, elle pourra, dans un baiser, confier à son enfant endormi ce double triomphe, qu'elle ne souhaitait que pour lui, pour son fils, qui a raison d'être fier d'elle !

Mais combien y en a-t-il de ces artistes qui atteignent au sommet ? Combien plus ne gravissent leur calvaire que pour expirer sous leur croix.

VI

BREVETS DE MISÈRE

— Soit, dira-t-on, moins d'artistes dé-
classées ; mais vous ne vous éléverez pas, je
suppose, contre l'instruction et vous ne
trouverez pas mauvais que beaucoup de
jeunes filles, de fortune modeste et d'esprit
élevé, cherchent à conquérir leurs brevets ?

Ecoutez : voici ce qu'on m'a conté récemment. Je le confie à la méditation des
égalitaires, qui demandent à cor et à cri que
l'instruction soit la même pour les femmes

que pour les hommes, et qu'on ne prive pas, au bénéfice de ceux-ci, les malheureuses de moyens sérieux d'existence.

Un soir, au coin de la rue de Clichy, une jeune femme, de mise assez élégante, se soutenait épuisée contre un mur. Quelqu'un en passant fut frappé de sa physionomie dolente et pâle, et l'aborda. Ainsi causèrent-ils :

« Qu'avez-vous, Madame ? vous souffrez: prenez mon bras. Si je puis vous rendre service, je le ferai. »

La jeune femme hésita d'abord, puis, comme si son fardeau de misère était trop lourd à porter, rejetant toute sa honte de pauvresse, et se redressant, palpitante, sans larmes, sans faiblesse, réclamant à la société qui lui paraissait injuste, non pas l'aumône qui empêche de mourir, mais la part de travail, qui permet de vivre, elle répondit:

« Donnez-moi une place : j'ai faim ; depuis trois mois, je suis sans occupation ; j'ai obtenu tous mes brevets d'institutrice, mais comme je ne suis pas Allemande, on ne veut pas de moi. »

De cet aveu, qui devait tant coûter à l'infortunée, je retiens cette double déclaration : « Je suis sans occupation », et « on ne veut pas de moi parce que je ne suis pas Allemande. »

Il y a là une situation extrêmement grave, qui mérite d'attirer quelques instants l'attention de chacun.

A notre époque de démocratie, où le travail des mains reçoit cependant sa glorification méritée, on trouve dans le peuple un nombre toujours grandissant d'individus, des deux sexes, qui veulent se diriger quand même du côté des carrières dites libérales, non pas que le but espéré soit de s'élever surtout par l'intelligence, mais parce que la légende établit que l'existence s'y gagne plus aisément; que les salaires en sont plus féconds, pour une moindre somme d'efforts accomplis; et qu'enfin, les distinctions viennent plutôt de ce côté que de l'autre. Toujours la lutte intéressée de chacun contre l'égalité; tant il est vrai que ce grand principe est non pas d'unifier tout au même niveau, mais, suivant le principe d'Aristote que je rappelais plus haut, de traiter inégalement les choses inégales.

Eh bien, dans ce moment, il y a à Paris dix-huit cents jeunes filles et jeunes femmes, qui toutes sont munies de leurs brevets, — et combien de brevets, grand Dieu! — et qui toutes, avec la science qu'elles possèdent, très capables de gagner leur vie, ne peuvent arriver à la gagner honnêtement.

Elles ont alors des heures de détresse

épouvantables, ces savantes que l'école a
jetées sur le pavé. Le Mont-de-Piété a prêté
quelques pièces d'argent sur les deux ou
trois bijoux de famille, sur les hardes, sur
la literie même. L'institutrice n'a gardé
que ce qui lui était indispensable pour
chercher une place, c'est-à-dire une toilette qui permette de demander un prix
raisonnable, et quelques livres classiques
nécessaires à la préparation des devoirs ; à
part cela, plus rien !

Or, comme les pièces d'argent s'épuisent vite, l'institutrice brevetée se réveille
un matin dans la rue, sans logement, sans
pain, sans espoir, ne possédant qu'une
chose à vendre : elle-même. Ce n'était pas
assez de la misère ; voilà la flétrissure, voilà
l'infamie.

Et qu'on ne m'accuse pas d'exagérer les
choses. Il n'y a pas là qu'une situation

7

souvent exploitée par le roman. Il y a une réalité douloureuse; il y a tout une série de drames terribles qui se jouent aux quatre coins de la ville, parce que ces institutrices chargées de diplômes ont été arrachées à l'atelier, par la facilité qu'on donne à chacun de s'instruire, aujourd'hui, et parce qu'elles croiraient déchoir en y retournant.

Enseigner, c'est la grande fonction, et la grande erreur de notre siècle. On enseigne tout, aujourd'hui, il y a des instituteurs et des institutrices pour toutes les sciences, pour tous les arts, pour tous les vices, pour toutes les turpitudes. On apprend à jouer tous les jeux, licites et illicites; il y a des professeurs de bonneteau; il y a des maîtres à chanter... dans les cours; il y a des cours de proxénétisme; il y a comme une Faculté de physiologie criminelle, où l'on cultive l'art de se mutiler soi-même, l'art d'atrophier certaines parties du corps, afin d'exposer des monstruosités invraisemblables qui attendrissent la charité des passants, en leur soulevant le cœur de dégoût.

Mais ceux-là, qui font métier de choses que punissent les lois, ceux-là ne manquent jamais de disciples : la mendicité, à notre époque, est presque un commerce; elle a déjà des syndicats. Il n'en est pas de même des institutrices dont je parle plus haut, et auxquelles je reviens.

Une des difficultés qu'on éprouve à donner du travail à ces malheureuses filles, c'est que leur sexe ne leur permet pas, quoi qu'on en dise, de mener la vie nomade des fonctionnaires mâles de l'instruction publique. Et c'est là un fait bien significatif qui doit, à mon sens, empêcher la fusion des deux programmes en un seul, et l'assimilation des deux enseignements.

Pour une infinité de raisons, la jeune fille a besoin de ne pas s'écarter de la famille, elle a besoin de se sentir en tutelle, car cette tutelle n'a pas pour but de porter atteinte à sa liberté, mais bien de la défendre contre des périls qui, on ne le sait que trop, ne sont pas imaginaires. Or, les écoles ont leurs cadres garnis; le personnel est complet; il ne reste à celles qui n'ont pas de situations officielles que les places dans les maisons particulières.

. On nous répond : « Là encore, les portes se ferment devant nous; nous ne sommes pas Allemandes. »

L'Allemande, en effet, a envahi les familles françaises; elle est partout. Ceux qui l'emploient prétendent que l'enfant qui l'entendra baragouiner dès le berceau, apprendra plus facilement la langue tudesque.

Je n'ai jamais bien compris cette raison.
Si je m'en rapporte au jargon que parlent
les bonnes françaises, je suis logiquement
amené à n'accorder qu'une médiocre estime
à celui des bonnes allemandes. On sait en
effet que ces dernières sont à la fois bonnes,
gouvernantes et institutrices. Je me demande alors s'il est très utile de familia-
riser l'enfant avec un langage vulgaire et
erroné, qu'il sera parfois impossible de rec-
tifier plus tard.

Je crois que le vrai motif qui décide certaines gens à donner la préférence aux
Allemandes, consiste dans ce que je disais
plus haut, que celles-ci remplissent non
seulement auprès de l'enfant, mais encore
dans tout le ménage, le rôle de domestique
à tout faire.

Eh bien ! sans avoir à descendre à des
concessions qui seraient blessantes pour

7.

leur dignité, nos institutrices, avec la dis-
tinction de leur esprit et la culture très
vaste de leur intelligence, nos institutrices,
j'en suis persuadé, trouveraient plus facilement à suivre la carrière qu'elles se sont
choisie, si elles consentaient à jouer auprès
des enfants qu'on leur confie le rôle d'une
mère.

Il y a des soins délicats que l'enfant réclame à tout instant, des précautions
qu'exige sa nature, des détails purement
intimes auxquels on peut se plier, sans pour
cela se croire amoindri. L'institutrice ne
doit pas oublier qu'elle est femme, et que
devant un enfant, toute femme sent en elle
s'ébattre cet admirable instinct de sa maternité.

S'occuper de la cuisine, servir à table,
recevoir les manteaux au vestiaire pendant
une réception et laver la vaisselle, voilà des

travaux de domesticité très bons pour les gouvernantes allemandes.

Mais que nos institutrices sachent bien qu'il n'y a pas de besogne vile autour d'un enfant. Si elles voulaient m'en croire, et comprendre leur tâche d'une façon moins étroite, les brevets qu'elles ont conquis par de si longues, si laborieuses, si patientes études, ne seraient plus pour elles des brevets de misère.

LES FEMMES DE DEMAIN

Voilà des notes bien pessimistes et l'on nous accusera peut-être de pousser au noir. Et pourtant, en y réfléchissant, je crois que jamais le proverbe n'a été plus vrai, qui dit : « Rien de nouveau sous le soleil. »

L'ère du modernisme est déjà moribonde ; l'actualité ne nous séduit plus ; le boulevard nous paraît monotone ; les penseurs à monocle sont déjà d'un autre âge, et nous respectons en eux des ancêtres.

Notre respect, il est vrai, les gêne, et pour nous inviter sans doute à la désinvolture familière d'une camaraderie toujours jeune, ils évitent le jeu trop solennel de la protection, de la sagesse vieillissante d'une expérience trop vécue.

Ce qu'il nous faut, c'est un avant-goût de ce qui sera demain, c'est une anticipation sur l'avenir, qui veut faire du présent dédaigné l'image déjà atténuée du passé. Nos préoccupations sont toutes portées vers l'inconnu, où nous essayons de pressentir la réalité, et que certains, plus osés sur le chapitre des hypothèses, ne craignent pas de définir avec une superbe assurance.

Cela s'appelle : « devancer la marche du temps », en style figuré; et « devancer la marche du temps », c'est être fin-de-siècle.

Fin-de-siècle ! cette sorte de qualificatif s'appliquait hier encore à des actes, à des tendances, à des manières de penser et d'agir, voire à certaines passions, à certaines soifs, à certains principes désireux de s'établir et de s'affirmer, en dehors — est-il besoin de le dire? — d'une tradition habituelle des vertus adoptées et enseignées, et même des vertus théologales. Mais cet *hier* est déjà loin, et voilà les individus qui se mettent maintenant à être des fin-de-siècle. On vous parle du fin-de-siècle Un Tel, et du fin-de-siècle Chose, comme d'une excentricité... toute naturelle.

Or, par un soir de l'hiver dernier, j'entendais causer une belle madame, qui a beaucoup d'esprit — quand elle veut s'en donner la peine — et qui faisait au cercle de ses auditeurs, dans son salon hospitalier, le portrait de la femme de demain, celle pour qui le fin-de-siècle doit être la date marquée dans l'histoire des peuples, pour la rénovation de l'humanité, et l'expropriation du sexe laid, quant à ses antiques prérogatives.

Elle parlait ainsi, de sa voix calme et délicieusement timbrée, promenant sur ceux qui l'entouraient, — et l'admiraient — le charme ensorceleur de ses grands yeux clairs.

« Voyez-vous : c'en est fini de la femme telle qu'elle est aujourd'hui ; l'œuvre de l'émancipation s'est accomplie ; le nouveau règne commence, avec le siècle qui agonise : place à la femme de demain !

» C'est vous qui l'aurez voulu d'ailleurs ; dans vos foyers désagrégés, la jeune fille manque de direction, ou mieux elle adopte une direction qui n'est pas la bonne. Sous prétexte d'en faire une femme capable de se conduire elle-même, et de suffire à tous les besoins de son existence, vous lui laissez prendre des habitudes d'indépendance.

» Mais l'indépendance par soi seul, c'est peu de chose; il faut une indépendance qui s'impose aux autres, une indépendance qui ressemble à une puissance, à une domination; pour y parvenir, il n'y a qu'un chemin : les carrières libérales, intellectuelles ou artistiques.

» Et vite, voilà la jeune fille qui court aux écoles ou aux ateliers; elle fait de la grammaire ou de l'aquarelle, de la psychologie ou de la sculpture, des mathématiques ou de l'harmonie; parfois même elle se passionne pour le latin, pour les sciences abstraites, pour la médecine, que sais-je?

» Ne lui parlez pas surtout de couture, de broderie, de crochet; ne lui parlez pas de pot-au-feu, de légumes, de conserves alimentaires; gardez-vous aussi de louer devant elle les joies de la maternité, et sa mission humaine ici-bas! Elle vous rirait au nez et hausserait les épaules; elle est une savante; elle est une cervelle qui pense, et non un organisme qui attend, au gré d'une civilisation arbitraire, l'instant d'accomplir son œuvre; elle est une force, capable de faire un sérieux apport au contingent sans cesse accru des connaissances terrestres, et ne peut accepter les servitudes auxquelles l'imbécillité et l'égoïsme des mâles ont courbé ses aïeules.

» Sa force est même une force supérieure, supérieure à cause de vous, les hommes, qui êtes restés ce que vous êtes, ce que vous serez toujours, vous les gourmands incorrigibles de la pomme, en dépit de tous les anges qui veulent vous chasser du paradis, et vous ramènent à l'Eden.

» La jeune fille, en effet, avec sa science égale à la vôtre, ou son art qui ne le cède en rien au vôtre, a la jeunesse, et parfois avec la jeunesse la beauté, en tout cas, la joliesse de sa peau fraîche et rose, et la séduction de ses chairs rondes et fermes.

» En la regardant, en la contemplant, vous, vous parlez d'amour, même de mariage. Elle, elle songe qu'elle est l'égale de l'homme, de l'époux qu'elle se choisira; puis elle réfléchit, elle se souvient du fameux terme *socia*, puisé dans le *Corpus juris civilis* de ce brave Justinien, de ce *socia* qui dit que dans les justes noces, la femme est non seulement la compagne, mais surtout l'*associée* du mari.

» Et tout bien pesé, avec cette indépendance où vous l'avez élevée, avec cet affranchissement de morale qui est la marque d'une conscience aveuglément sûre d'elle-même, d'une conscience où nulle parole affectueuse et amie n'a fait naître une inquiétude ou un doute, la jeune fille choisit un associé sans prendre un mari.

» L'associé? vous savez son nom en langage vulgaire : il se nomme amant, probablement parce que après l'avoir aimé, elle le prendra en grippe. *Amant*, en effet, est un mot bien compris, un hasard ou une coquetterie de notre langue : il a l'air d'un participe présent; mais vous savez que le participe passé n'est pas loin, et les associés se succèdent sans doute rapidement, sans qu'il soit besoin de plaider le divorce, formalité indiscrète qui fait entrer un tas de gens dans vos affaires, sans qu'il soit besoin non plus de signer d'autre contrat, qu'un baiser très tendre, dans un épanchement de faiblesse passionnelle, et la remise — imprudente parfois — d'une

clef d'alcôve, qu'à l'instant du déplaisir
ou de la lassitude, on rendra sans bruit,
sans reproche, sans scandale.

» Seulement, ce sont là des façons
auxquelles un peuple, racorni dans sa
routine, ne s'accoutume que lentement; il
faudra donc, pour cette épouse... libre,
effacer l'objet principal derrière d'autres
choses; il faudra qu'elle ait une idée pour
passionner l'opinion et se faire admirer
comme une manière de héros ou d'héroïne.

» Or, quelle est la passion qui vous agite
le plus une nation, la passion capable de
soulever toute une multitude autour d'un
même individu? La politique, n'est-ce
pas?

» La femme de demain sera donc la
femme politique; pas la femme d'affaires
qui s'accroche aux portefeuilles des politi-

ciens et se livre, pour son bénéfice personnel, et pour la gloire d'une éphémère et
chancelante notoriété, aux tripotages
louches et aux intrigues cancanières et stériles ; mais la femme qui fera de la politique
d'avant-garde, de la politique capable
d'enchaîner une démocratie généreuse et
vivante à ses jupes ; une femme qui, aux
heures décisives, dans la journée, abdiquant son sexe, se trouvera à la tête d'un
troupeau humain pour grimper à l'assaut
des libertés perdues et renverser les bastilles où gémissent les droits captifs ; et
qui, le soir, dans son salon, entourée de
tout ce que l'Etat compte d'hommes d'esprit, de talent et de courage, deviendra la
femme exquise, troublante, adorable... autant qu'adorée, jonglant avec les individus
comme avec les idées, démolissant d'un
sarcasme aimable le ministre du jour, et

désignant de son doigt mignon le tribun qu'elle impose pour la victoire du lendemain.

« Voilà la femme de demain ; la femme fin de siècle, qui prendra en main le sceptre du pouvoir — encore un cliché — abandonné par l'homme pour le caprice ruineux des spéculations financières, et la lâcheté stupide d'une vie gagnée — ou perdue — au jeu hasardeux des courses ! »

Et comme la belle madame cessait de parler, quelqu'un lui posa cette question difficile :

— Et après ?

— Et après ! après ! répondit-elle ; vous voilà bien pressé : laissez-lui au moins le temps de triompher et de jouir de son triomphe. »

Voulez-vous, madame, me permettre de répondre à votre place ?

Quand votre femme de demain aura bien
triomphé, quand elle aura été fêtée, entourée, adulée, écoutée, obéie, aimée, — oh !
aimée jusqu'au désespoir par ceux qu'elle
aura ensuite rejetés de son étreinte ; —
quand, devant elle, les pouvoirs publics se
seront inclinés ; quand les assemblées
législatives auront loué sa haute raison,
son enthousiasme mâle, son courage qui
dépasse les bornes humaines de la témé-
rité, l'entraînement de son éloquence toute
spontanée, toute jaillie du meilleur de son
cœur ; quand le Sénat — qui se connaît en
femmes — aura proposé son exemple à
toutes les autres, comme celui de la
citoyenne accomplie, alors cette héroïne
sentira tout à coup dans son crâne, si magni-
fiquement construit, quelque chose qui se
brisera ; dans la machine si compliquée du
cerveau, un rouage ne fonctionnera plus ;

la belle intelligence que chacun enviait
s'emplira d'ombre ; le regard, au lieu de
jeter de la lumière, ne brillera plus que
d'étincelles douloureuses et malfaisantes ;
au lieu d'une pensée brillante animant une
chair attirante et saine, ce ne sera plus.
qu'une pensée malade et désemparée, torturée dans une chair épuisée et flétrie. Au
lieu des assauts donnés aux bastilles, au
lieu des promenades triomphales de la porte .
des clubs au seuil des constituantes, au lieu
des soirées où l'admiration de tous faisait
cortège à la femme et à la citoyenne, au
lieu de tout cela, ce sera la retraite forcée
à Sainte-Anne ou à la Salpétrière, sous
l'œil attentif du gardien et sous la menace,
au premier geste désordonné, des entraves
cruelles, des camisoles paralysantes, et de
la cellule aux cloisons étouffées, où viennent
mourir, dans un silence discret comme la

tombe, les rébellions épouvantables et les
fureurs inconscientes.

Voilà votre femme de demain acclamée :
voulez-vous que je vous dise son nom,
maintenant, ô belle madame, qui prophéti-
sez si bien ?

Elle se nomme Théroigne de Méricourt ;
elle était déjà fin-de-siècle, il y a cent ans,
et si vous voulez vérifier l'exactitude du
portrait, vous n'avez qu'à demander des
preuves — des preuves irréfutables — aux
. *Variétés révolutionnaires* d'un excellent
historien, M. Marcellin Pellet.

Comme vous le voyez, madame, il n'y a
rien d'inédit ici-bas. On dit : « Tout se
renouvelle » ; on devrait dire : « Tout se
recommence ». Nos excentriques aujour-
d'hui sont vieux, à ne pas le croire, et vos
femmes de demain sont déjà centenaires !

VIII

DU PRESTIGE DE L'UNIFORME

Vous rappelez-vous, il y a quelques années, au Salon, une merveilleuse aquarelle de Henri Pille? Dans une ruelle montante, des couples se promenaient. Les jeunes femmes, vêtues de toilettes empire d'une coquette excentricité, s'appuyaient avec un amoureux abandon aux bras de grands gaillards, portant de riches habits militaires, et faisant haut sonner sur le pavé le fourreau de leur sabre. A quelques pas, un civil, très

piteux de sa bourgeoisie, regardait passer
ces très beaux et ces très belles, assez flat-
tés d'ailleurs de cet hommage silencieux du
gringalet à l'adresse de leur fière et élégante allure. Cela s'appelait, je crois, le
Prestige de l'uniforme, et ce joli morceau
d'art, spirituel comme toutes les choses passées que Pille ressuscite, m'est revenu à
l'esprit, à propos d'une petite affaire, très
bien jugée par le tribunal correctionnel de
la Seine et qui demeure d'éternelle actualité.

Un officier de réserve ou de territoriale,
peu importe, était allé au bal, au sortir
d'une reception officielle, en uniforme. De
là, dénonciation au général commandant la
place, et citation au citoyen officier à com-
paraître devant la justice de son pays, pour
port illégal du costume militaire. Le tribunal a jugé le cas en droit, et n'a pas voulu

soutenir la prévention, affirmant que le grade est la propriété de l'officier, et que l'officier peut bien à son désir porter les insignes de son grade. Il ne s'est pas demandé si celui-ci, en laissant l'habit noir pour le dolman soutaché d'or, et le chapeau. gibus pour le képi très galonné, n'avait pas voulu abuser des prérogatives d'un grade qu'il revêt à certaines dates déterminées et en imposer aux simples pékins cravatés de . blanc. Il faut pourtant reconnaître que nos officiers des armées de réserve ou de territoriale n'ignorent aucunement le prestige infaillible de l'uniforme sur l'esprit des masses, et, pour ma part, je ne saurais leur en vouloir *d'être ou de se croire obligés* si souvent de se mettre en tenue : cela fait tant de plaisir aux dames!

Et remarquez bien que dans toutes les réceptions officielles ou privées, ce que le public admire, ce qui fait rêver les jeunes filles, ce n'est que le costume, rien que le costume sans s'occuper de l'individu qui le porte. C'est même ce qui me permet d'examiner cette question du prestige de l'uniforme, sans être aucunement accusé de manquer d'égard envers le corps des officiers de toutes armes, que je respecte infiniment.

Pour une fois, le proverbe a menti, et si l'habit ne fait pas le moine, l'uniforme, du moins aux yeux du monde, fait l'officier. Et cela est absolument vrai. Prenez un officier quelconque, un capitaine par exemple : supposez-le tel que les romans nous en montrent, beau à faire succomber les duchesses, brave comme les héros des légendes, bon comme Dieu le père, généreux comme le vin qui rajeunit les sens et que ce gourmet de Voltaire recommande dans ses alexandrins.

Faites endosser à ce capitaine l'uniforme
de son arme, tel qu'il existait il y a seulement quinze ans, et introduisez-le dans un
salon, tout brillant de lumières, tout bruyant
de musique et de gaîté. Vite, on lui fait de
la place pour le laisser entrer. Les hommes
étouffent de rire sur son passage. Pourtant,
il a bien combattu pour le pays : même il
porte au front une large balafre écrite par
l'ennemi national, d'un violent coup de latte.
Les femmes, derrière leurs éventails, se
renversent et chuchotent, et se pâment.
Pourtant, mesdames, le capitaine n'a pas eu
de succès que sur les champs de bataille,
et plus d'une petite main, toute tremblante,
s'est abandonnée à l'étreinte de cette main
large et loyale de soldat.

Qu'importe : cet officier, paré de toutes
les vertus, de toutes les séductions même,
cet officier, avec sa tunique démodée et son

képi plat comme une galette, cet officier
paraît un comble de ridicule, et, comme si
l'homme n'était qu'un mannequin, tout le
monde s'esclaffe de rire devant le rococo du
costume. Il est donc bien établi que le prestige appartient à l'uniforme et non à l'officier qui le porte, et on me permettra de parler avec une certaine liberté de ce prestige
qui subit tous les caprices de la mode, et
prend à l'heure actuelle des proportions
inquiétantes.

Il est certain que pour les amoureux de la
couleur, l'uniforme jette une note essentiellement vivante dans une foule en fête. Le
rutilement des broderies et le rouge des
képis s'harmonisent fort bien avec la matité
vibrante des épaules nues. Le bras, enfermé
dans le gant blanc à seize boutons, s'arron-
dit plus gracieusement sur la manche du
dolman, surtout si les doigts énervés ont,

pour se distraire, de nombreux galons d'or
à inquiéter. Il n'est pas jusqu'au cliquetis
des fourreaux d'épée, jusqu'au bruit sec des
éperons mordant dans le satin des robes à
traîne, qui n'ajoutent à l'enchantement de
cette disposition.

Et puis, les dames trouvent dans l'uniforme une indiscrète plasticité, qui n'est
pas pour leur déplaire. Le pantalon, ce vêtement que les Anglaises ne désignent pas
sans rougir, le pantalon, quand lui-même
est rouge, est l'objet, pour les regards fémi-
nins, de piquantes révélations. Dans une
petite ville de province, de jeunes pensionnaires se passaient de main en main un
cahier où chacune avait consigné ses pro-
pres observations. Ce cahier avait pour
titre *Les Mollets de la garnison.* Pas une de
ces gamines n'avait eu l'idée de s'occuper
des bourgeois de la ville, dans cette statis-

9.

tique qui s'étendait depuis le général jusqu'aux maréchaux des logis chefs (heureux
sous-officiers), sans en oublier un seul, et
par escadron encore !

« La jambe ne se trompe jamais », disait
une cantinière qui se piquait de... psychologie; à voir le nombre croissant d'uniformes qui se cambrent aujourd'hui dans les
salons, il y a rudement de jambes qui brû-
lent de dire la vérité.

La jeune fille particulièrement ne résiste
pas à cet éclatant mirage qui l'attire et
l'ensorcèle. Il y a dans sa façon de voir,
contre laquelle rien ne peut lutter, quelque
vieux reste de l'esprit romanesque, quelque
vieux ferment de cette galanterie, que
l'opéra-comique, genre essentiellement
bourgeois, mit à la mode. Le « bel officier » fut de toutes les représentations et
de toutes les fêtes, il y a cinquante ans, et

nos aïeules, dans un débordement de sentimentalité, chantaient le « bel officier » d'une voix émue en s'accompagnant sur la guitare.

L'uniforme, avec sa coupe plus précise, son aspect plus décoratif, son élégance plus tapageuse, l'uniforme parle davantage aux sens. Il promet plus d'emportement dans la passion, plus d'imprévu dans le rêve, plus de fiction dans la triste matérialité des choses, plus de brusquerie dans les effets, moins de logique dans les causes. Il est le tentateur intrépide ; il ignore la monotonie de la vie régulière ; il est le nomade, toujours prêt à la marche, à l'assaut même, allant saluer à tour de rôle chacun des quatre points cardinaux, et se livrant, selon les caprices des temps, à d'héroïques et laborieuses fatigues, ou à d'indolents et longs *far niente*. Voilà ce que les galons font mi-

roiter aux yeux des virginales fiancées, et
les jeunes hommes qui le savent s'empres-
sent quand ils en ont le droit, et qu'ils prétendent aux conquêtes du cœur, de se
munir de ce miroir enchanté, même quand
ils ont au collet, comme les cadres territo-
riaux, le petit bouton révélateur, qui dans
son imperceptibilité crie néanmoins aux
jeunesses fascinées : « Malheureuses, dé-
tournez de moi vos regards ; je ne suis pas
votre idéal ailé ; je ne suis pas le nomade,
qui vous initiera aux délices de la vie cara-
vanesque ; j'ai bien mon prestige, puisque
je suis uniforme ; mais étant uniforme, j'ap-
partiens à celui qui me porte, et celui qui
me porte est un parfait notaire ou un sage
épicier ! »

Il n'y a pas que les jeunes filles, pourtant
qui subissent le prestige, et je sais nombre
de gens qui sont fort heureux d'inviter chez

eux, pour se donner de l'importance devant leurs relations, des hommes très bons
vivants qu'ils appellent avec emphase et à
très haute voix : « Commandant, colonel,
général ».

J'ai connu, il y a quelques années, un
honnête propriétaire des environs de Paris,
qui fréquentait un général, le plus aimable
homme qui soit, et se cramponnait à lui
avec une indiscrétion désespérante. Ce
n'était plus un général, c'était « son général à lui », devenu l'hôte indispensable de
son *castel*, une simple maison de campagne,
d'ailleurs. Recevait-il quelques amis, vite il
faisait sonner que le général viendrait, et
lorsque le général arrivait, l'amphitryon,
un ancien huissier retiré, faisait partir d'as-
sourdissants pétards, en signe de joie. Le
brave général était même un peu gêné de
ces manifestations par trop bruyantes.

Un jour, notre homme, que ses concitoyens avaient élu au conseil municipal,
voulut offrir dans son parc une fête cham-
pêtre à ses électeurs. Il leur envoya des
cartes d'invitation où dans le coin, à
gauche, au-dessous des mots : *On dansera,*
était gravée en belle ronde cette ligne grosse
de promesses : *Le général viendra en uniforme.* La fête fut manquée : le général ne
vint ni en uniforme, ni en civil.

Vous le voyez, le prestige de l'uniforme
s'exerce partout et à tous les degrés de l'é-
chelle sociale. A ceux qui douteraient encore, je rappellerai nombre de pianistes
qui ont dû leurs premiers succès dans les
pays étrangers à des uniformes de mag-
gyar ou d'amiral suisse.

Et puis, je le répète, cela fait tant de
plaisir aux dames !

IX

LE MODÈLE

Si l'uniforme exerce son prestige sur les dames, la nudité qui opère dans les ateliers d'artistes, exerce le sien sur le sexe laid ; et ce prestige-là est plein de respect, quoi qu'on pense, et bien qu'il y ait des exceptions à cette règle générale : dans cette étude de la femme moderne, je crois qu'il y a une place marquée par le *modèle*, qui lui, est de tous les siècles d'art.

Un drôle d'état que celui de modèle ; tout

rempli de contradictions, jugé très sévèrement par le bourgeois pudibond, et ne mé-
ritant pas cette sévérité ; ayant donné lieu
à toutes sortes de légendes plus ou moins
osées, et goûtant au contraire au plaisir
d'une existence familiale et modeste.

Car le modèle, surtout le modèle femme,
a de la famille. J'en sais une qui pourrait
prétendre hardiment au diplôme de rosière,
et qui pourtant a vécu dès l'enfance presque
dans les ateliers.

Elle habite là-bas, très loin, à l'autre
bout de la rue Monge, dans une de ces
sombres cités ouvrières, où l'agglomération
des ménages double l'insalubrité des loge-
ments étroits.

Un escalier où l'on ne peut se tenir
debout, des paliers sombres dans lesquels
l'on se heurte au mur tout suintant de
misère ; une seule pièce carrelée où l'on

fait tout, la cuisine, les lavages et les lits.

C'est de là que chaque matin la jeune fille s'en va, vêtue presque coquettement, pour poser chez les peintres. Elle exerce son métier avec une absolue chasteté.

Dans le déshabillé où la fantaisie de l'artiste la met, elle ne songe pas à autre chose qu'à sa pose ; l'artiste ne voit pas autre chose qu'une ligne ; tous deux, avec un singulier égoïsme, ont le respect, celui-ci de cette forme vivante qui permet à sa conception de prendre une forme réelle ; celle-là de la beauté dont on lui appris qu'elle était la plus charmante expression.

Et elle est belle sans coquetterie, se montrant ingénument, échangeant les heures d'immobilité contre l'argent qui assure l'existence tranquille des siens ; désireuse de plaire, car ils sont nombreux là-bas ceux qui vivent de son travail ; mais craintive d'aimer, et craintive aussi d'être aimée.

Le père d'ailleurs a confiance dans son
enfant. Pour lui, qui jadis s'est assis aussi
sur la table à modèle, il n'est pas de posi-
tion plus honorable que celle-là, et il trouve
tout naturel que sa fille, pour lui donner
quelque repos, accomplisse cette besogne
assez lucrative.

Et ce n'est pas là une aberration du sens
moral, un besoin immodéré d'argent, une
indécence où l'esprit honnête puisse se choquer. Nullement. Ces braves gens-là vivent
très unis, s'estimant et s'affectionnant ;
c'est la famille sur un pied de libre et indépendante familiarité.

Et ma foi, je ne sais pas trop si je ne
préfère pas cette liberté dans la famille
pauvre à l'indifférence et aux manières nouvelles des familles riches.

Dans les demeures somptueuses où s'en-

graissent toutes les noblesses, noblesse de
sang ou noblesse d'argent, les enfants sont
isolés, ils sont parqués dans une pièce, affublée d'un nom anglais quelconque, et placés
sous la surveillance immédiate d'une femme
de chambre. Ils sont relégués comme de
véritables animaux de basse-cour, et n'apprennent à connaître la famille que par ce
qu'en dit à l'office la valetaille mal embou-
chée.

Tandis que les chiens favoris ont leur
chaise autour de la table, et mangent leur
pâtée dans de la vaisselle plate, les enfants
ont un coin de table de service pour prendre
leur repas, et ils assistent, ce qui leur forme
le caractère, aux grossièretés prétentieuses
des cuisinières, et aux brutales galanteries
des valets de pied. Etonnez-vous donc après
cela que tous ces fils de famille deviennent
des hommes mal élevés ; que toutes ces

jeunes filles, en se mariant, en sachent
beaucoup plus long que ne le désirerait
leur mari.

Si l'on savait toutes les turpitudes qui se
débitent de l'antichambre à l'étable aux
enfants, à la *nursery*, en passant par la
cuisine, peut-être les pères et les mères de
famille qui se désintéressent ainsi de leur
progéniture, reviendraient à leur devoir
strict ; peut-être abandonneraient-ils une
mode ridicule, un genre dont l'affectation
est injustifiable, pour ne pas s'exposer à
être quittés eux-mêmes plus tard.

Lorsque ces pères-là, ces mères surtout
parlent d'ingratitude, qu'on leur fasse donc
passer sous les yeux le petit tableau de leur
existence.

L'enfant naît, désiré ou non ; il naît et
vite on le confie à une nourrice, quand on
ne l'envoie pas en province chez une cam-

pagnarde qui le soignera fort mal et ne
l'aimera pas du tout. De trois ans à huit
ans, c'est l'âge de l'éducation par les domestiques. L'enfant a peur de son père, qui ne
lui rit jamais ; il se moque de sa mère, dont
il entend se moquer autour de lui ; mais il
a de naïves caresses pour le frotteur, et il
est plein d'admiration pour le palefrenier.
De huit ans à dix-huit ans, on l'enferme
dans un internat laïque ou religieux ; il s'y
instruit très peu, s'y dissipe beaucoup et
s'y perd souvent.

Cependant l'adolescent arrive à son baccalauréat ; la jeune fille cueille un diplôme.
Alors les parents, qui ont vieilli, s'aper-
çoivent que les enfants sont une compagnie
précieuse ; ils en sont même fiers ; mais trop
tard ! Le fils s'émancipe et, pour épater les
camarades, fait la noce. La fille, elle, a parfois si grande hâte de se marier, qu'elle n'a

10.

pas la patience d'attendre, et se livre sur le conseil de *mademoiselle*, l'institutrice anglaise ou allemande qui l'accompagne et porte son rouleau de musique, à toutes les débauches les plus réprouvées et les plus gênantes pour le mari, qui demandera une dot et acceptera la femme par-dessus le marché.

Famille de modèles et modèle de familles, tous deux sont d'aujourd'hui, et je suis convaincu que c'est encore chez la première et pour la première que le respect de la jeune fille demeure le plus.

On n'a qu'à lire les romans pour découvrir entre les lignes le récit de scandales mondains, de nobles ducs qui séduisent les soubrettes, et de futures duchesses qui ne se défendent pas de voluptueuses faiblesses avec leur cocher.

Il me souvient d'un drame dont un de

mes amis fut le héros infortuné, il y a quelque dix ans.

Il était peintre, et il avait comme modèle
une jeune fille, orpheline, qui pour la première fois posait dans les ateliers. Lui gar-
dait cette mignonne enfant avec un soin
jaloux. Elle, par malheur, s'éprit follement
de l'artiste ; l'affection dont elle était l'objet de sa part, le respect et la discrétion
qu'il lui témoignait, tout cela lui était allé
droit au cœur ; bref, elle aimait. Elle aimait
avec toute la force de ses dix-huit ans ;
toute son audace d'ingénue, tout son élan
de la femme neuve.

Lui, résistait, luttait contre cette passion, et dans les longues heures de travail,
tout en esquissant une étude, il parlait à la
belle énamourée, la sermonnant, raisonnant
ses sentiments avec la froideur d'un homme
sûr de lui ; et pourtant il se sentait fléchir.

Un jour que l'orpheline devenait plus pressante et que le peintre n'avait plus la force de résister, celui-ci « au bord de la faute », comme il l'écrivit sur une carte, fit un dernier effort pour repousser l'étreinte de ces bras qui se tendaient éperdûment vers lui ; et, se retirant dans la chambre voisine, ne voulant pas que l'artiste fût vaincu par l'homme et que l'inspiratrice de toute son œuvre ne fût plus à ses yeux qu'une femme, il se tua.

Ceux qui lurent sa mort dans les journaux le traitèrent d'imbécile, mais ses camarades qui le connaissaient bien n'ont pas eu le courage de le blâmer et tous nous avons pensé que c'était un grand cœur.

X

LA DOT DE PEPPINA

Voici une autre histoire de modèle qui mérite aussi d'être contée. Cela a l'air d'un titre de roman, et c'est vrai pourtant. Tous les échotiers en parlèrent à l'heure où elle se produisit, les uns avec une indifférence de statisticiens qui enregistrent les faits, les autres avec une ironie qui présentait le drame sous couleur d'une anecdote presque comique. Songez-donc : il s'agissait d'un barbon amoureux d'une jeunesse.

A mon sens, il s'est joué dans l'atelier
d'un sculpteur de la rue Darwin une scène
terrible et superbe de romantisme, et de
romantisme généreux. En deux mots, voici
le fait divers. Peppina, modèle plastique et
vertueuse jeune fille, a refusé l'hymen que
lui proposait un homme du monde, voisin
de la soixantaine. Ce dernier, désespéré,
se rendit à l'atelier du sculpteur, contempla
une dernière fois la belle cruelle, dans son
dévêtement de Diane chaste, et se fît sau-
ter la cervelle. Dans sa poche, on trouva
un testament par lequel il léguait toute sa
fortune à Peppina.

Cette histoire ne vous donne-t-elle pas à
réfléchir ? Il me semble qu'il y a en elle
quelque chose qui n'est pas commun, qui
n'est même pas banal.

L'apostrophe, que recommande, en
dernier effort sur l'esprit d'une ingrate,

le manuel du parfait épistolaire galant :
« Te voir encore une fois et mourir ! » n'est
qu'un écho de rhétorique, répété à propos
de bottes, par la sottise des plats amoureux ;
mais mourir pour de bon, après ce dernier
coup d'œil, ouvrir brutalement ses regards
sur l'infini, sur l'au-delà mystérieux de la
vie, quand ces regards sont encore grisés
de la vision enchanteresse, voilà qui n'est
plus de notre temps, voilà qui appartient,
je le répète, au règne emphatique du romantisme, et ce retour si rare, qui trans-
porte dans la réalité ce que disent les bal-
lades chantées par nos grand'mères, avec
accompagnement de harpe ou de guitare,
ce retour dramatique vaut bien qu'on s'y
arrête un instant.

Le cas de M. Hippolyte — nous ne le dé-
signerons que par ce nom d'un héros également-
ment malheureux — n'est pas nouveau ;

mais il n'est pas moins intéressant par son évolution et sa fin tragique. Le psychologue y verrait tout un sujet d'étude, et les analystes de névroses ne se sont pas fait faute d'en faire l'examen.

Il y a longtemps d'ailleurs que les romanciers nous ont conté par le menu combien les amours des vieillards sont profondes et tenaces ; ces retours de jeunesse éveillent chez ceux qui les subissent des coups de passion irrésistibles ; ce sont des fringales de tendresse auprès d'une chair parfumée de jeune fille, fringales de tendresse où se confondent deux sentiments, très différents, mais dont l'action tend au même résultat : la jalousie d'un âge depuis longtemps vécu, et la peur d'une impuissance, que la raison justifie et que le désir brave.

Seulement, chez le vieillard, dont les

illusions sont tombées une à une, l'amou-
rette qui papillonne et qui s'oublie vite
n'existe plus, elle devient de suite l'amour
entêté, l'amour qui s'isole dans un unique
objet de convoitise sensuelle; elle devient
l'obsession de tous les instants, d'autant
plus pénible que le malheureux n'a plus le
temps d'attendre, et qu'il lui est presque défendu de rien espérer. Les délais pour lui
sont autant de causes où sa patience s'use,
au lieu de se fortifier; et un refus se trans-
forme en une intolérable torture, car la
sénilité dans l'amour équivaut à une ré-
flexion lentement formée; et c'est sur
cette volonté mûrement réfléchie, que le
vieillard, une fois que son vieux cœur est
pris, se plaît à jouer les années qui lui restent à vivre.

La partie fut mauvaise pour M. Hippolyte. Les parents de Peppina trouvaient

le galantin trop mûr, et ils n'avaient pas tort. Un homme qui aurait pu être le père de sa belle-mère, comme âge, cela avait de quoi inquiéter les ascendants directs du jeune et vertueux modèle ; et l'amoureux tardif fut catégoriquement éconduit.

Alors, avec un sang-froid bien remarquable, le vieillard, dans sa peine infinie, prit deux déterminations qui montrent que son amour n'était ni vanité, ni égoïsme. Il assura par un testament bien en règle la fortune de la bien-aimée, la dot de Peppina, en instituant celle-ci sa légataire ; puis il se jura de disparaître, afin que le souvenir des anciennes et vaines assiduités ne vînt pas gêner la belle enfant, toutes les fois qu'ils se rencontreraient.

Mais mourir sans *la* revoir ; mourir sans avoir senti son regard se poser sur ce cœur qui ne bat que pour elle, sans avoir entendu

sa voix de jeune fille rieuse et pourtant
émue, lui pardonner d'avoir voulu un seul
instant river ses dix-huit printemps à ses
soixante hivers, mourir ainsi sans rien qui
ressemblât à une consolation suprême, eût
été trop dur. Et puis le sacrifice n'était-il
pas assez grand pour excuser ce dernier
désir, cette dernière faiblesse, — je ne dis
pas cette dernière défaillance? Ainsi pensé,
ainsi fait.

Le statuaire ébauche à larges coups de
pouce la glaise qui deviendra une Diane, et
qui se dresse sur la selle de travail. Devant
l'artiste, debout sur la table à modèle, belle
dans sa séduisante nudité, Peppina, silen-
cieuse, donne le mouvement. Elle a bien
rougi quand l'ami du statuaire, M. Hippolyte, est entré ; elle a bien senti un frisson
courir le long de ses contours marmoréens,
et sa gorge s'est soulevée d'un profond

soupir. Mais, après tout, elle ne pouvait
pas l'épouser, ce vieillard, et d'ailleurs il ne
semble pas lui en vouloir ; il lui sourit même
et son regard se fait plus doux, plus soumis
que d'ordinaire.

Elle est la Diane fière de sa jeunesse, de
sa vertu, de sa beauté, éternellement sûre
de son charme et de sa puissance, et *lui*, il
est comme un Endymion résigné et repen-
tant, absorbant dans une muette et longue
contemplation ce que la déesse ne peut lui
dérober, la vue de son être dévoilé, de tout
son être, qu'il examine lentement, d'ardents
regards qui doivent courir sur sa peau
brune, avec d'humides tiédeurs de baisers...

Alors, sans plus songer à l'artiste et au
modèle, débordant de douleur, le vieillard a
saisi l'arme libératrice ; un coup de feu, un
corps qui s'effondre, un cœur qui ne bat
plus. Il y a peut-être de nouvelles couches

quitrouveront cette solution très vieux jeu;
moi, je m'en étonne, et je ne puis m'empêcher de m'intéresser à cette vraie victime
de l'amour, je ne puis m'empêcher de parler de son erreur, de sa folie funeste, avec
un profond sentiment de respect.

Mais la jeune fille, mais Peppina aussi
mérite toutes les sympathies. Je ne répéte-
rai pas, comme l'affirmait une âme simple
à côté de moi, hier:

« La vertu est toujours récompensée...
puisqu'elle hérite ! »

A mon sens, Peppina peut affronter, la
tête haute, les indiscrétions de la foule. J'ai
dit ce que sont réellement les modèles. S'il
y en a qui se servent de ce métier pour réa-
liser plus facilement leurs aspirations de
débauches, il y en a d'autres, et Peppina
doit être du nombre, qui l'exercent avec
l'inconsciente sévérité d'un sacerdoce.

II.

C'est sans doute le cas de Peppina, fort
ennuyée certainement de voir son nom jeté
à tous les échos. Mais cette fortune, qui lui
échoit, dans un adieu sanglant, elle peut
l'accepter, elle doit l'accepter ; n'est-ce pas
la moindre satisfaction qu'il lui soit permis
d'accorder au vieillard qui n'est plus, à cette
dernière volonté de l'homme qui meurt de
l'avoir adorée.

Loin de moi la pensée qu'elle puisse tirer
une orgueilleuse vanité de ce drame dont
elle est l'objet ; s'il en était ainsi, elle seule
éveillerait une idée d'antipathie. Cependant,
il faut bien convenir que son état d'âme doit
éprouver depuis l'autre jour certains trou-
bles, certains chocs ; elle aura peut-être des
nuits d'insomnie, et dans ces nuits, elle
verra passer devant ses yeux, brûlés par la
fièvre, une image qui la fera trembler. Il ne
faut pas qu'il en soit ainsi ; sa conscience

doit être libre de tout remords, et jamais la
figure pâlie de son vieil amoureux, convul-
sée par l'angoisse de l'agonie brutale, n'af-
fectera en son rêve des allures terrifiantes de
fantôme. Son devoir est bien simple et sera
d'un poids léger ; elle a une mémoire à ne
pas oublier ; qu'elle lui accorde une pitié affectueuse, qu'elle lui donne en son cœur une
toute petite place, et si son âme a de la générosité, elle pourra sans rougir, et sans
excès banal de sentimentalité, elle pourra
aimer à son tour, aimer tendrement ce souvenir : qui sait ? Il y a peut-être des souvenirs fidèles qui préservent à jamais des
chutes !

XI

FOLLE

Si je ne suis pas pour l'émancipation radi-
cale de la femme, je suis du moins pour
qu'il lui soit accordé une protection absolue, surtout en matière de discussion conjugale, quand les discussions, s'armant de
mauvaise foi, vont jusqu'à employer le système odieux de la folie.

La réforme de la loi sur les établissements d'aliénés s'impose de plus en plus. Il
s'est commis sous le couvert de la folie léga-

lement et médicalement constatée de telles
infamies, qu'il n'est plus temps de retarder
une revision que l'opinion publique réclame
à grands cris.

Les tribunaux eux-mêmes, qui ont à respecter l'ancienne loi, se trouvent impuissants à réprimer les abus, et sont obligés
de prononcer des sentences que réprouvent
le bon sens et l'équité. Quand je dis les tribunaux, je me trompe, car la dernière
preuve à l'appui de ce que j'avance se trouve
dans un arrêt rendu le mois dernier par une
cour d'appel de province.

Peu importe laquelle, peu importe aussi
le nom des parties au procès; ce qu'il faut
retenir, c'est le fait qui avait conduit un
ménage en justice, et que la cour a inter-
prété dans un sens que je ne puis accepter
sans protestation.

Je ne veux nullement fatiguer mes lecteurs, par la longue suite de paragraphes et de considérants contenus dans l'arrêt de la cour, mais j'en dégage, en ne me servant pas du jugement en première instance, les éléments principaux, vraiment constitutifs de la cause.

Il s'agit d'une femme, à qui l'on refuse la séparation de corps, et cela, comme si ce refus était une mesure de protection, avec des airs de paternelle hypocrisie. Bien que l'arrêt, très complet sur certains points, passe assez légèrement sur de graves circonstances, il est permis de reconstituer la scène initiale de toute cette procédure; c'est tout un roman, c'est aussi, malheureusement, la triste vérité.

Un mari, ayant dilapidé les revenus de sa femme, celle-ci ne peut se défendre d'une violente excitation. Elle reproche amèrement à son mari ses agissements aventureux ; cherche peut-être pour expliquer ces dilapidations, des causes où sa jalousie d'épouse trouve un élément facile ; bref, s'emporte à toute la violence de ses nerfs ; et l'on sait combien les femmes sont sujettes à ces débordements nerveux, auxquels elles ne peuvent résister, et qu'elles sont les premières à regretter, une fois le moment d'accalmie venu.

Que fait alors le mari ? — Il s'excuse du mieux qu'il peut ? — Nullement. — Il attend la fin de la crise ? — Pas davantage. — Il se tait ? — Vous n'y êtes pas. Avec un geste de douleur habilement simulé, il s'écrie : « Vous êtes folle ! » Et en bon époux, qui a le souci scrupuleux de sa chère moitié, aidé d'ailleurs de quelques parents complaisants, il fait enfermer la pauvre femme dans un établissement d'aliénés.

Que se passe-t-il ? La femme, vous le

pensez bien, ne peut accepter avec calme
une pareille situation. Sa colère grandit,
son exaltation atteint au paroxysme de la
violence. Le médecin appelé, qui sait que
personne ne ressemble à un fou comme
quelqu'un qui ne l'est pas, déclare le cas
grave. Avec deux ou trois savants confrères, il découvre dans l'interrogatoire de
la malade les caractères les plus indéniables
de l'aliénation mentale, et ordonne de suite
l'application de remèdes énergiques qui,
s'ils font quelquefois du bien à ceux qui
sont véritablement fous, font toujours du
mal à ceux qui n'en ont pas besoin.

Et voilà le tour joué. La femme est enfermée; tandis que le mari, avec des certificats
bien en règle dans sa poche, s'en va reprendre le cours de ses exploits financiers,
qui sous peu l'amènent à être l'objet de
poursuites judiciaires et l'obligent, par me-

sure de prudence, à mettre la frontière
entre lui et le juge d'instruction.

Néanmoins la pension de la folle est régulièrement payée au directeur de l'établissement, sur les deniers appartenant inalié-
nablement à la femme, bien entendu. Un
avoué est chargé de cette mission, et s'en
acquitte avec sollicitude ; il a même la délicatesse d'envoyer au mari des nouvelles de
la « chère malade ». C'est ce que l'arrêt
appelle une « mission de surveillance affectueuse et d'administration. »

La femme pourtant n'est pas satisfaite.
Elle s'est peut-être un peu calmée. Dans
tous les cas elle a la conscience très nette
qu'elle n'est pas folle, qu'elle est enfermée
dans cette maison par une manœuvre dé-
loyale, qu'elle est en un mot victime d'une
infamie. Elle n'a qu'un but, qu'une pensée,
malgré les soins dont on l'entoure, malgré

le luxe et le confortable qu'on met à son service. Elle veut sortir de cette prison dorée ; elle est lasse de cette séquestration qui dure depuis plus d'un an, et grâce à l'insistance de sa famille, on lui rend enfin la liberté.

Vite, au reçu de cette nouvelle, le mari écrit une lettre dithyrambique, où il se félicite de cette heureuse issue. Quel bonheur ! Mais c'est la vie commune qui va reprendre ! Mais c'est l'idylle tendre qui recommence ! Mais c'est une ère nouvelle d'affection qui s'ouvre pour tous deux ! Ah ! cette guérison tant désirée, la science l'a donc obtenue ! Cette heure de paisible félicité vient donc enfin de sonner !

Et ce sont des cris de joie, de doux propos charmeurs, d'exquises et séductrices intimités : le tout apporté à la convalescente chérie... par le ministère de l'avoué, qui,

veillant au grain, garde prudemment copie
de cette lettre.

La femme ne mord pas à cette rhétorique ; la vie commune, elle ne peut ni ne
veut la reprendre, puisque son mari n'ose
toujours pas rentrer en France. Que fait-
elle ? Elle se retire dans une propriété qui
lui reste, et intente immédiatement une
action en séparation de corps.

La rude épreuve qu'elle vient de subir ne
constitue-t-elle pas les sévices exigés par la
loi. Etre enfermée sans être folle, n'est-ce
pas aussi une injure, dans le sens le plus
strict du mot ? Et la ruine dont elle est me-
nacée, par l'impéritie de son mari, elle qui
croyait toujours pouvoir compter sur la richesse de sa fortune ; et la vie commune
interrompue, tout cela n'est-ce rien ?

Eh bien, oui ! ce n'est rien ! Cette femme
est rivée éternellement à la chaîne de ce

mari peu diligent sous certains rapports, trop sous d'autres. L'arrêt la déclare mal fondée dans sa demande, l'en déboute, et la condamne aux dépens de première instance et d'appel.

Je n'ai voulu, je le répète, faire ici aucune personnalité. Je trouve qu'il n'est nullement du devoir de l'écrivain d'aller surprendre les particuliers dans leur intimité, et de livrer à la curiosité du public les secrets de leurs discussions conjugales.

Mais, dans l'espèce que j'ai posée, il y a un intérêt général. Il ne faut pas, à une époque où les hommes sont facilement entraînés à des spéculations douteuses, que les femmes voient leur situation en péril, et cela avec l'aide de la loi.

On abuse de la folie aujourd'hui ; notre siècle, à en croire certains pessimistes, n'est qu'un siècle de détraqués. Nous pour-

rions rappeler ici toute une série d'interne-
ments arbitraires, qui ont ému l'opinion et
indigné les honnêtes gens. Or, quand il
s'agit d'une femme, privée de tout moyen
de défense, sujette par nature à une sensibilité excessive, ne pouvant plus compter
sur l'appui de la justice pour se faire respecter ; quand il s'agit d'une femme taxée de
folie alors qu'elle se sent parfaitement saine
d'esprit, il y a là un fait qu'il n'est pas permis d'accepter de gaieté de cœur. Une loi
qui tolère, qui protège de semblables manœuvres, est une loi mauvaise qu'il faut
nécessairement abroger.

Ce qu'il faut donc retenir de ceci, afin de
savoir où porter le remède à cette infirmité
légale, où porter la réforme à cette législation boiteuse, c'est que le placement de
la femme dans une maison de santé, et
l'éloignement du mari du domicile conju-

gal, ne constituent pas des griefs de séparation de corps, pas plus que la mauvaise
administration des économies et revenus
de la femme par le mari.

Heureusement pour l'humanité, et pour
l'honneur du sexe laid, que s'il y a des maris
qui enferment leurs femmes sans qu'elles
soient folles, il y en a d'autres qui soignent
leurs femmes quand elles sont folles.

J'en ai connu un de ces derniers. Quel
admirable dévouement, et comme à force
de tendresse il l'a guérie, sa chère malade.
Dans une attention de tous les instants, il
veillait sur elle.

Il n'employait pas de médicamentations
brutales, de douches, de potions abrutis-
santes, de camisole de force, d'entraves de
toutes sortes. Non ! Une volonté qui savait
habilement et patiemment agir sur la
volonté désemparée de la folle, une préoc-

cupation constante, non de tuer le mal, mais de le séduire, de le charmer par les ruses les plus captivantes. Et lorsque, après de longs mois, la convalescence s'étant annoncée, la pauvre jeune femme s'apercevait d'une de ces exquises perfidies auxquelles son esprit encore faible se laissait prendre, elle avait sur les lèvres un sourire si plein de mélancolie et de gratitude qu'on se sentait ému jusqu'aux larmes en voyant s'illuminer cette pâle figure de brune attristée.

Si je rappelle cette guérison miraculeuse, c'est moins pour faire ressortir la faute du mari, que je blâme plus haut, que pour saluer au fond de sa retraite ce couple aimable, aujourd'hui sorti de l'épreuve, et qui n'a connu qu'un seul médecin, toujours vainqueur quand on a en lui une foi sincère et fidèle : l'amour !

XII

LES FIANCÉES DU BAGNE

Il est bien de se plaindre de la dépopulation, et de chercher des remèdes à cet état de choses ; mais il ne faudrait pas exagérer et voir dans les *fiancées du bagne* la promesse d'un accroissement favorable au chapitre des naissances.

Les fiancées du bagne ! Ceci encore a l'air d'un titre de roman à la Ponson du Terrail ; il ne s'agit pourtant d'aucune histoire extraordinairement dramatique, mais

d'un petit problème de sociologie à la solution duquel le ministre de l'intérieur, de
concert avec le sous-secrétaire d'Etat aux
colonies, est en train de travailler.

Vous savez qu'à la Guyane et en Nouvelle-Calédonie, l'administration autorise,
et encourage même, le mariage entre les
condamnés aux travaux forcés. Or, à ce
qu'il paraît, on manque de femmes, et l'on
voudrait aviser au moyen de recruter dans
les Maisons Centrales des fiancées pour
les gredins qui paient leur dette à la justice
humaine. Vous le voyez, il s'agit bien des
fiancées du bagne.

Et puisque l'occasion s'en présente, il
me semble intéressant de discuter certaines
questions relatives à ces unions de repentis
— je dis repentis, parce que l'autorisation
n'est accordée qu'à ceux qui se sont amen-
dés — et de me prononcer en toute liberté,

sans optimisme de sentiment, et sans pessimisme qui pourrait me faire accuser d'inhumanité.

Considérons d'abord dans quelles conditions se fondent ces ménages.

Le forçat, avant de songer aux douceurs de l'hyménée, a dû donner pendant plusieurs années des gages de bonne conduite, et pour ainsi dire des promesses de réhabilitation. En échange, il a été séparé des autres condamnés ; il a reçu un lopin de terre ; on l'a aidé à se construire une case, à se procurer des outils ; on en a fait un *colon*. Mais cela ne lui suffit pas : l'ampleur de l'humaine pitié n'a pas encore fait une part assez douce à l'atténuation, sinon à l'oubli du châtiment. Ce forçat, devenu colon, a des besoins d'aimer ; il a besoin de se créer une nouvelle famille, lui qui par un crime abominable a peut-être détruit celle dont il était le fils ou le père : et dans sa soif ardente d'affections saines il appelle de toutes ses tendresses l'ange qui viendra s'asseoir à son foyer : cet ange se présentera sous la figure d'un ancien démon, aujourd'hui assagi, mais marqué pour la vie d'une flétrissure, et rivé, comme lui, au carcan des déchéances sociales.

Voilà les deux acteurs de la scène d'amour qui se jouera dans la case du forçat affranchi. Voyons maintenant quelles sont les véritables raisons qui peuvent inciter le forçat à contracter une pareille union.

L'administration fait bien les choses, et le mariage des transportés, grâce à elle, est commode, rapide, et productif. Nous autres, quand il s'agit de mariage, nous sommes accablés de démarches et de formalités, de demandes de consentements et autres, qui prennent des semaines. Pour les transportés, point de tout cela ; ils se sont placés par leur faute en dehors de la société, et les lois de la société ne les regardent plus ; ils ont leur législation à eux. On accepte leur demande ou on la refuse ; si on l'accepte, le mariage se fait dans un court délai : juste le temps nécessaire pour réunir les dossiers — le dossier qui remplace pour eux le contrat des gens qui n'ont pas encore commis de crimes.

L'administration, en bonne et généreuse mère, fait même aux nouveaux époux son petit cadeau de noce. Pendant trente mois, ils seront assurés du vivre à l'aide de rations quotidiennes de pain, de viande, de légumes secs, de riz, d'huile d'olive, de vinaigre, de sel, de café et de sucre. Elle y joint, en guise de corbeille, un trousseau pour le mari, d'une valeur de quarante-huit francs, et un trousseau pour la femme, plus cher, celui-là : il s'élève à environ cent vingt francs. Comme vous le voyez, on est galant dans l'administration.

D'ailleurs, voici de quelles pièces se composent ces trousseaux. Celui de l'homme d'abord :

1 chapeau de feutre mou, — 3 chemises de coton, — 1 chemise de laine, — 1 vareuse de toile, — 1 vareuse de molleton, — 1 pantalon de toile, — 1 pantalon de molleton, — 2 paires de souliers de cuir, — 2 paires de bas de laine, — 1 couverture de laine, — 1 brosse à laver, — 1 peigne, — 1 couvert, — 1 sac de toile.

Celui de la femme :

2 chemises toile et coton, — 2 fichus carrés pour le cou, — 3 mouchoirs de poche, 2 tabliers toile, — 2 robes, — 2 jupons, — 1 corset fil et coton (hiver), — 1 corset toile (été), — 3 paires de bas de coton, — 2 paires

de chaussures, — 1 paire de sabots, — 1 couverture laine.

Certes, ce n'est pas un luxe insolent ; mais on se fait si peu de visites entre déportés !

Il est aisé, d'après cela, de comprendre pourquoi certains forçats, ayant à passer de longues années dans la colonie, peut-être toute leur existence, désirent tâter du conjungo, qui ramènera dans leur case un peu de bien-être. Je crois même que le désir de créer une famille et de revivre dans leur progéniture doit être très éteint chez des gens qui, alors qu'ils étaient libres, laissaient leurs enfants crier la misère, quand ils n'arrêtaient pas la plainte sur leurs petites bouches à coups de hachette ou de marteau.

Et il n'y a pas à s'y tromper, ce que l'administration a vu surtout dans ces unions, c'est la réhabilitation morale hâtée par la naissance de l'enfant. La preuve en est que les femmes condamnées aux travaux forcés doivent avoir moins de trente-cinq ans pour être transportées et fiancées aux bons forçats.

M. le sous-secrétaire d'Etat aux colonies, dans une lettre au gouverneur de la Nouvelle-Calédonie, s'est demandé si en transportant toutes les femmes condamnées comprises dans cette limite d'âge, «'on réussira à former des ménages présentant des garanties suffisantes de bonne conduite ».

Je partage pleinement ses inquiétudes, et je les partage surtout en songeant que, de ces unions-là, des enfants naîtront sans doute. Certes, il peut être utile d'augmenter la population de la colonie ; mais l'administration, qui compte sur les ménages de for-

çats et sur leur descendance pour cette
œuvre d'économie coloniale, n'assume-t-elle
pas de graves responsabilités ?

Je sais bien qu'on invoque l'exemple de
l'Australie, en rappelant que la colonisation
en a été faite par les forçats expédiés d'An-
gleterre ; mais cela, est-ce un argument
irréfutable ? Et d'ailleurs le système de la
discipline anglaise, à l'endroit de ses forçats, concorde-t-il avec la règle d'humanité
qui est l'honneur du code pénal français ?

Je sais que parmi les criminels, il en est
dont le crime est la résultante d'une heure
de passion : je sais qu'il y a des criminels
qui ont le remords cuisant et sincère de leur
infamie ; je crois qu'il y a un relèvement
possible pour toutes les chutes, que le mal
n'est qu'une exception, et qu'au fond de
toutes les consciences il y a une lueur
d'honnêteté, que le bon exemple, la vie

13.

observée, surveillée, la vie de travail, de recueillement et de méditation peuvent développer et transformer en une véritable lumière.

Mais à ceux dont le cœur plein de générosité a fait le beau rêve humanitaire d'une réhabilitation dans l'amour et la famille, à ceux qui prétendent dresser le berceau de la vertu sur les débris de deux hontes, à ceux qui veulent tirer la moisson féconde de champs dévastés, je poserai la question grave de l'hérédité.

Que faites-vous de l'hérédité ? Alors que vous l'avez peut-être invoquée pour excuser le crime du père et de la mère, comment affirmerez-vous que l'enfant y échappera ?

« Les manifestations de l'hérédité, a dit le docteur Delisle, se font sentir, qu'il s'agisse de la transmission des caractères physiques, physiologiques, intellectuels, et moraux (1). »

Il peut se produire des actions antagonistes pour agir en sens contraire, ces actions, que Prosper Lucas a désignées du nom d'*innéité*; mais l'hérédité ne perd pas ses droits ; elle se manifeste quelquefois avec des atténuations, mais elle se manifeste quand même.

D'autre part et à l'appui de mon affirmation, je trouve les lignes suivantes dans le savant ouvrage du docteur A. Bordier, la *Pathologie comparée de l'homme et des êtres organisés*. (2) Il parle des altérations qui peuvent se produire sur les éléments anatomiques, par l'alcool, par exemple :

« Ces éléments sont altérés, dit-il ; des

(1) *Dictionnaire et sciences anthropologiques*, 1 vol. in-4, Paris, 1880; Doin, éditeur.

(2) *Bibliothèque anthropologique*, tome X, page 335, Vve Barbré, éditeur. — 1889.

modifications se produisent dans leur struc-
ture, et ces *altérations, passées par l'hérédité*, se transmettent aux cellules filles,
aux générations d'éléments anatomiques,
qui viennent successivement prendre la
place des éléments qui les ont engendrés
dans l'incessante rénovation moléculaire,
dont l'organisme est le théâtre. »

L'hérédité n'est pas une chose de sentiment ou d'appréciation variable : la science
est là pour empêcher toute négation à cet
égard. Les enfants qui naîtront de ces
unions entre forçats porteront donc dans
leur sang le germe des chutes futures ; ils
seront marqués du signe de la criminalité ;
et si, au prix d'efforts constants, on peut
triompher d'une propension à commettre le
crime, croyez que cet enfant né avec une
tare ineffaçable aura quand même l'inquiétude, l'impatience du crime.

Est-ce à dire que ces unions doivent être interdites? Non. Mais je voudrais qu'elles fussent le prix de la réhabilitation et non un moyen de réhabilitation ; je voudrais que le forçat qui en bénéficie ait donné non pas seulement des preuves de meilleure conduite et d'amendement, mais que pendant des années il ait obligé ses gardiens à le considérer, sans arrière-pensée, comme un honnête homme. Et encore ne serait-ce pas toujours une preuve de guérison complète chez le déséquilibré, que la justice a chassé de la société.

Tenez : l'an dernier on jugea aux assises un homme qui s'était rendu coupable des plus ignobles attentats à la pudeur. Cet homme-là, onze ans auparavant, avait déjà été condamné pour outrage aux bonnes mœurs. Entre la première condamnation et la seconde poursuite, il avait mené une

vie exemplaire et obtenu sa réhabilitation.
Savez-vous cependant à quoi ce repenti, ce
réhabilité avait occupé ses onze ans de loisirs honnêtes ? A exécuter deux mille des-
sins infâmes, qui devaient lui faciliter l'accomplissement de ses attentats auprès de
ses très jeunes victimes.

Eh bien, je vous le demande : cet homme-
là est là-bas maintenant ; dans six, huit, dix
ans, si sa conduite a été exemplaire, lui permettrez-vous de se marier avec une compagne d'infamie ? Lui permettrez-vous d'a-
voir des enfants, à lui, pour qui l'enfant
était le jouet des turpitudes et des débauches ?

De l'humanité, soit ! Mais pas trop d'humanité !

NOS ENFANTS

I

POUR LES PETITS QU'ON TUE

J'ai chaque jour dans l'oreille un infanticide nouveau, et je crois qu'il est temps plus que jamais d'élever la voix en faveur des petits qu'on tue, pour réclamer autour de leur naissance les mesures de protection auxquelles la plus étroite justice leur donne droit. Il ne se passe plus de semaine que les faits divers ne nous apprennent qu'il s'est commis plusieurs infanticides — je ne parle pas de certains abandons qui mettent la vie de l'enfant en danger, et dont la conséquence générale est la mort.

D'où vient donc cet accroissement de crimes, contre des petits êtres, qui, s'ils n'ont pas demandé à naître, ne demanderaient pas mieux que de vivre? D'où vient que dans une société, dont les conditions morales ne se sont pas sensiblement modifiées, ce genre de criminalité, celui qui répugne le plus à l'idée d'humanité, se soit développé dans des proportions vraiment inquiétantes?

Voilà des questions que ceux qui s'occupent d'économie sociale feront bien d'examiner. Pour nous, qui tenons une plume pour le livre ou pour le journal, ce que nous devons chercher surtout, c'est le remède. Or le remède contre l'infanticide, on l'a indiqué partout et souvent, depuis déjà quelques années, c'est le rétablissement des tours.

On avait cru que la suppression des
tours empêcherait les mères indignes de
donner la mort à leurs enfants, et on avait
fait appel à des sentiments de haute moralité, pour prouver que l'admission de l'enfant abandonné dans les établissements
spéciaux, en vertu d'un règlement admi-
nistratif, avec des démarches, des justifi-
cations, un état civil presque, etc., serait
plus favorable à l'enfant d'abord, et aux
parents ensuite; à l'enfant qui pourrait
plus tard retrouver une famille: aux parents qui ayant vu leur situation s'amélio-
rer, ou s'étant simplement pris aux remords
de leur abandon, auraient ainsi la facilité
de reconquérir leurs rejetons. Il y avait là
un rêve généreux de la part de l'assistance
qui l'avait élaboré, et mis en pratique;
mais ce n'était qu'un rêve, et le nombre
des formalités ainsi que leur délicatesse

n'ont pas peu contribué à en ralentir, à en paralyser le succès.

On a remarqué que, dans le calcul des infanticides, la proportion des parents criminels régulièrement mariés était infime, et que la majeure partie des innocentes victimes était composée d'enfants naturels.

Or, parmi les filles-mères qui sont tentées de déposer leurs enfants à l'hospice des Enfants-Trouvés, il y en a beaucoup qui y sont poussées par la misère et l'impossibilité d'assurer l'existence de leurs petits; mais il y en a plus encore pour qui l'enfant est le témoignage vivant d'une faute qu'elles veulent tenir secrète, et qui n'ont pas le courage de se relever dans une honnête et laborieuse maternité, de la honte des chutes passionnelles. Pour les premières, l'enquête de l'administration admettra le motif et accueillera peut-être

l'enfant — peut-être seulement, si ses ressources ne sont pas dépassées et si ses hospices ne sont pas débordés. — Mais pour
les secondes? Par quels artifices une administration sérieuse pourrait-elle se rendre
à de pareilles raisons! Ne se ferait-elle pas.
ainsi la complice de la vie irrégulière et de
la débauche en assurant tous ceux qui s'y
livrent, du débarras des fruits qui en pour-
raient naître? Et, dans une certaine mesure, pour cette catégorie de mères coupables, il semble que les investigations
administratives finisssent en effet par devenir moralisatrices.

C'est le contraire qui se produit. Dans
une heure d'affolement, et quelquefois aussi
avec une froide impassibilité et une cruauté
cynique, la fille-mère qui sait que la porte
de l'hospice restera sourde à sa requête, et
qui, d'autre part, n'a plus le sens moral

équilibré, soit par suite de ses habitudes
de débauche, soit par suite d'un lâche
abandon, dont elle est elle-même victime,
sans aucun recours, la fille-mère tue son
enfant; il faut si peu de chose et les moyens
sont si nombreux! Deux doigts serrés au
cou, le crâne pressé et déformé entre les
mains, un coin d'oreiller appuyé par hasard
sur les lèvres, une chute fortuite dans une
bassine d'eau ou dans une fosse, une hé-
morragie provoquée par absence de soins à
l'ombilic, et tant d'autres que les cours
d'assises nous révèlent dans le long cha-
pelet de leurs audiences consacrées à ce
crime, par suffocation, fracture du crâne,
strangulation, immersion, blessures di-
verses, mutilation et même combustion.

Et encore, ce sont là des moyens qui
laissent des traces, des moyens où la justice trouve des preuves criminelles, et où

le châtiment peut frapper la main coupable qui a exercé l'atroce manœuvre.

Mais à côté de ces crimes signés, combien y en a-t-il qui ont été longtemps prémédités, et que la patience des coupables, récompensée par la plus aveugle des providences, a pu faire passer pour une des formes de l'insondable mystère de l'inviabilité. Ne nous rappelait-on pas l'autre jour le crime de ces mondaines, exposant un enfant nouveau-né au froid d'une fenêtre ouverte, tout nu, jusqu'à ce que le petit corps ait cessé de frissonner, parce que le petit corps avait cessé de vivre. L'enfant avait été ensuite chaudement langé, couché dans son berceau, et entouré de pleureuses hypocrites; quand le médecin arriva, cela s'appela congestion pulmonaire, ou pneumonie aiguë, ou fluxion de poitrine, ou angine de poitrine, qu'importe? Pour ces créatures indignes, cela ne s'appelait pas infanticide : c'était là le principal.

Si la loi a distingué l'infanticide de l'homicide, c'est qu'elle a entendu protéger l'enfance d'une façon toute particulière ; c'est qu'elle a entendu tirer un châtiment exemplaire des misérables qui seraient tentés d'abuser de la nature chétive de l'enfant, pour aider à sa suppression ; c'est qu'elle a entendu affirmer le droit à la vie surtout pour ceux dont la vie nous semble un fil ténu, qu'un souffle peut briser et qui ne sont pas armés pour se défendre eux-mêmes. Eh bien, je demande le rétablissement du tour, au nom du même principe, au nom de la même protection. Les hospices d'enfants trouvés n'ont pas été créés pour débarrasser les parents des enfants qui les gênent, mais pour recueillir les enfants abandonnés. Ils ont été créés pour les enfants, et non pour les parents : et c'est aller contre l'esprit de cette création, contre sa véritable utilité, contre sa raison d'être, que de n'admettre les petits abandonnés qu'après une enquête sur leurs ascendants. L'enquête ne doit voir que l'enfant, et comme l'enfant mérite toujours la protection et l'aide, l'enquête devient inutile et le tour suffit — je veux dire qu'il est indispensable.

D'ailleurs, en rétablissant le tour, on évitera non seulement les infanticides ; on évitera aussi cet autre crime plus fréquent, et que la loi ne découvre que dans une proportion minime, l'avortement. L'avortement se pratique avec une étonnante légèreté, à l'heure qu'il est ; et pour quelques cas dont s'occupent les cours d'assises, combien demeurent impunis. Or, ce n'est pas seulement la chance d'impunité qui pousse les

malheureuses filles enceintes à laisser pra-
tiquer sur elles les manœuvres abortives ;
c'est aussi, avec la difficulté d'abandonner
l'enfant à l'assistance, la cupidité des ma-
trones qui so livrent à cette besogne lucrative, et profitent de l'inquiétude qu'éveillent
chez leurs clientes les symptômes d'une
grossesse clandestine, pour leur arracher
leurs maigres économies et, suivant leur
argot expressif, « décrocher le gosse ».

L'heure est donc venue de rétablir le
tour : puisque sa suppression, au lieu de
diminuer le nombre des infanticides, n'a
fait que le grossir, l'expérience n'a que
trop duré, et il est temps d'y mettre un
terme. On n'a pas le droit de laisser, à cause
d'un règlement d'administration publique,
sujet à toutes les fluctuations possibles, on
n'a pas le droit de laisser condamner à une
expiation imméritée ces enfants, ces débris

d'humanité, où l'humanité même peut se refaire. Que l'abandon soit anonyme, par le tour, comme l'enfant.

Le nom de celui-ci sera : pupille de l'État; et dans l'ignorance ou l'oubli de ceux qui se seront cru une honte de les avoir créés, tous les déshérités, sans crainte d'être réclamés par un père forçat ou une mère prostituée, deviendront de braves gens que l'État aura eu l'honneur et la fierté de rendre tels.

II

LES ENFANTS NATURELS

On pouvait espérer qu'avec ce fameux
progrès qui doit mettre la lumière de vérité
dans tous les esprits, qu'avec le libéralisme
actuel, dont on se plaît à nous donner des
preuves, qu'avec l'émancipation de l'idée,
qui doit élargir les limites du jugement
humain, et permettre d'abroger des traditions déjà surannées, on pouvait espérer
que la question des enfants naturels ne re-
viendrait à l'ordre du jour que pour rece-

15

voir une solution équitable que la loi française se montre rebelle à lui accorder.

Il n'en est rien : les législateurs se succèdent, mais les législations se copient l'une l'autre, et aucune disposition nouvelle ne vient satisfaire l'opinion publique, légitimement froissée dans son désir d'équité et de pitié.

Que s'est-il donc passé au Sénat en 1889 ? Dans la loi pendante sur le service militaire, devant nos pères conscrits, il se trouvait un article, dispensant du service d'activité, en temps de paix, sur leur demande et après un an de séjour sous les drapeaux, l'aîné d'orphelins de père et mère, ou l'aîné d'orphelins de mère, dont le père était légalement déclaré absent ou interdit, ou d'un père aveugle ou entré dans sa soixante-dixième année, etc.; ceux qui se trouveraient dans l'un des cas prévus par cet article seraient renvoyés en congé dans leurs foyers, jusqu'à la date de leur passage dans la réserve.

Le projet de la commission ajoutait :

« Le présent article est également applicable aux enfants reconnus par le père ou par la mère. »

C'était l'abrogation implicite de l'article 17 de la loi de 1872, qui stipulait que les dispenses énoncées par lui n'étaient applicables qu'aux enfants légitimes, et cette disposition qui marquait un pas heureux vers un état de choses équitable était passée en première lecture, sans rencontrer de contradiction.

Mais voilà qu'en seconde lecture un sénateur, s'est élevé contre une pareille mesure, et dans un langage à rendre jaloux Joseph Prudhomme lui-même, a déclaré que ce serait là « donner une prime à l'inconduite » et que, d'ailleurs, cela n'était pas conforme à l'esprit du Code et à la jurisprudence.

Je n'ai aucunement l'intention de rappeler ici quelles sont en effet les dispositions du code, contre les droits accordés, ou mieux, refusés aux enfants naturels. Il y a, aux différents Titres, des articles qui fixent la situation des fruits issus d'unions libres, avec une extrême sévérité.

Mais je me demande si le code ne s'est pas trompé sur ce point essentiellement grave; si ceux qui en ont discuté les dispositifs n'ont pas obéi à de singulières étroitesses de sentiment; s'il ne convient pas aux législateurs d'aujourd'hui d'étudier les droits des enfants naturels, sous un point de vue plus large, plus en rapport avec le libéralisme des mœurs nouvelles, et de renverser l'édifice des mesures barbares, qui

faisait de ces innocents les éternels pros-
crits de la famille.

Un de mes confrères, dans une série
d'articles fort sagement approfondis, a rappelé à propos quels étaient les arguments
des collaborateurs de Napoléon sur la nécessité de priver d'une partie de leurs droits
les enfants nés en dehors du mariage. Il y a
là des textes curieux à rappeler.

« La loi, dit Marcadé, pour *faire rechercher et honorer* le mariage, refuse aux
enfants naturels le titre d'héritiers. » (T. 3,
p. 102.)

« Le but politique et social de la transmission héréditaire des biens, dit Demo-
lombe, c'est *la conservation des familles;*
or, les enfants nés hors mariage ne sont
point dans la famille de leur père et mère;
donc ils vont, par cela même, en dehors du
système général des successions; et *l'hon-*

neur du mariage, d'accord avec *l'intérêt
des familles*, ne permet pas, en effet, qu'on
attribue aux *fruits du désordre* les droits
héréditaires qui appartiennent aux enfants
issus d'une union légitime. » (T. 14, p. 21.)

« Il faut vouer, dit Loiseau, leur posté-
rité à l'ignominie : C'est à eux à s'imputer
d'avoir fait ce que la loi réprouve.

» Sommes-nous, disent les enfants, coupables de la faute de nos père et mère?...

» Ces idées sont spécieuses et séduisantes, il faut l'avouer; elles ont ébloui les
membres de nos premières assemblées
nationales; mais elles ne sont pas solides.

» En prononçant des incapacités, ou en
infligeant des peines, la loi n'a ici unique-
ment pour objet que de réprimer la funeste
lubricité des concubins; et si elle frappe
leurs enfants, *ce n'est que pour arriver
plus sûrement à son but.*

» C'est un malheur, si par l'application de cette maxime des enfants naturels sont déshérités, si l'on ne peut punir leur père sans les atteindre : mais c'est la loi qui transmet les successions, elle est libre d'en intervertir l'ordre chaque fois que l'intérêt public le commande : elle ne dépouille pas les enfants de leurs droits; seulement elle ne permet point qu'ils recueillent l'hérédité d'un père coupable.

» La sanction légale du mariage, dit Dalloz, n'a point consacré l'union de leurs père et mère (des bâtards) que la nature seule a rapprochés. Cette sorte d'union fut de tous temps frappée d'une réprobation qui, pour être salutaire dans ses effets, dut se reporter sur les enfants. »

Comme on le voit, ce que ces juriscon-sultes veulent punir chez l'enfant, c'est la faute de ses père et mère; ce qui leur paraît

un moyen sûr d'empêcher le concubinat,
c'est de frapper ceux qui en sont la
résultante.

Si les conséquences de semblables pro-
cédés de moralisation n'étaient pas désas-
treuses, la naïveté, l'inconscience, la sotte
et aveugle déclamation des graves personnages qui en sont les auteurs, prêteraient à
rire ; mais tous les innocents de ce fait
deviendraient des victimes, et à une époque
comme la nôtre, où ils pouvaient espérer
une réparation, ils se trouvent en face de
retardataires, pour leur reprocher de si
cruelle manière un second péché ori-
ginel.

Eh bien, j'affirme, et les chiffres sont là
qui le prouvent, que toutes ces sanctions
n'ont pas empêché un seul concubinat, un
seul adultère, mais qu'elles ont pu, au
contraire, déterminer des crimes, des crimes

prévus par les lois, des crimes aussi qui échappent aux investigations de la justice, mais qui reçoivent leur châtiment de la conscience.

Vous, les législateurs, vous dites avec une rigueur imbécile : l'enfant naturel n'aura pas sa place au foyer; il sera exclu parfois entièrement de ses droits de famille. Dans certains cas même, lorsque ses père et mère auront légitimé par un mariage devenu possible leur situation personnelle, l'enfant, né au temps de la faute, ne pourra pas être à son tour légitimé. Les frères qui naîtront du même sang que lui ne seront pas ses frères devant notre société. (Art. 331, 762, 764, C. C.)

Vous, les législateurs, vous dites avec une audace qui est contraire à toutes les règles de la morale et de la justice divine : « Nous ne vous défendons pas de vous aimer, de vivre en état d'union libre, d'avoir des enfants : mais ces enfants seront une gêne pour vous, et, pour vous faciliter le moyen de vous en débarrasser, nous nous chargerons de les spolier de la part de biens qui leur appartient par le sang.

» Nous faisons même mieux ; vous, monsieur, amusez-vous; mettez les filles à mal, semez votre existence de bâtards; la loi vous protège : nous défendons qu'on vous en attribue la paternité, si votre bon plaisir est de la nier. Vous pourriez vous-même vous disculper dans le cas où vous ne seriez pas coupable, mais comme cette menace d'avoir à vous justifier serait de nature à gêner vos ébats voluptueux, nous en allégeons votre conscience.

» Vous, au contraire, mademoiselle, vous qui êtes sans défense, vous qu'une faiblesse a pu conduire à d'irrésistibles tentations, nous permettons pour vous la recherche de la maternité (art. 341).

» Quant à vous, époux adultères et parents incestueux, nous ne sommes pas certains de vous atteindre, et pour être plus sûrs de ne pas vous atteindre, nous nous · interdisons de révéler une pareille filiation (art. 342). »

Aussi quoi d'étonnant, avec une législation pareille, une législation de réaction, · une législation qui a pour but unique d'effacer cette vieille maxime du droit : « *Creditur virgini dicenti se ab aliquo cognitam et ex eo prœgnantem esse* (on doit croire la fille-mère qui indique l'auteur de sa grossesse), maxime qui n'ouvrait le chemin qu'à des mesures provisoires en faveur de l'enfant, quoi d'étonnant que des hommes, avec l'égoïsme de la volupté satisfaite, et la promesse d'une tranquillité légale, se laissent aller à de lâches abandons, après s'être livrés à tous les désordres de la séduction et du libertinage! Quoi d'étonnant que des filles, se considérant à juste titre comme des victimes, tuent, dans une heure d'affolement, les enfants qui leur naissent, et qui seraient, vivants, la preuve gênante et détestée de leur flétrissure! Quoi d'étonnant encore, lorsqu'une de ces filles, désarmée devant la loi, mais ne pouvant accepter sans révolte la trahison qui la courbe sous ce que la société appelle son infamie, se fasse justice elle-même; quoi d'étonnant que les jurés rapportent de leur chambre de délibération un verdict d'acquittement, arraché à leur conscience par un scrupule d'équité, plus encore que par un sentiment purement humain!

Ah! cet article 340! Comme il fait tache dans notre législation. Un juriconsulte de

valeur, M. Zénon Fière, en a dressé le
procès dans un livre (1) qui fait autorité, un
livre qui fut cité à la tribune du Parlement
par MM. Bérenger et Rivet, un livre que
M. le sénateur Leguen aurait bien fait de
feuilleter, avant de porter devant ses col-
lègues son observation à propos de la loi
militaire.

Il y aurait vu la doctrine que nous défendons ici, la doctrine que défendent tous les
gens de cœur, appuyée par des noms
illustres dans l'histoire du droit et des
lettres. Il aurait compris que, sans vouloir
retourner aux principes d'autrefois, inspirés
par le droit canonique et frappant du châtiment suprême ceux qui ne voulaient pas
réparer par le mariage la faute commise, il

(1) *Les enfants naturels devant la loi*, par Zénon Fière,
docteur en droit, avocat à la Cour d'appel de Paris. —
Un volume in-8, Paris, 1881, Alph. Derenne, éditeur.

faut enfin se ranger à l'opinion générale et débarrasser notre code d'une règle qui a soulevé de tous temps l'indignation publique.

Combien avait raison M. Accolas, lorsqu'il affirmait avec sa science du droit et son talent d'orateur, que la cause de l'enfant naturel d'après notre loi est absolument contraire à l'idée du juste :

« L'enfant, dit-il, l'être indigent entre tous les autres, l'être qui est, en germe, l'homme libre et responsable, a le premier de tous les droits.

» Quel est ce droit et vis-à-vis de qui l'a-t-il ?

» Ce droit, c'est le droit à être développé, à devenir un homme. Du droit à être développé dérive pour tout enfant le même droit absolu à être élevé.

» Ce droit, l'enfant l'a d'abord vis-à-vis de ceux de qui il procède immédiatement ;

à défaut de ceux-là et, graduellement, vis-
à-vis de ceux de qui il tire son origine; à
défaut des uns et des autres, de la collecti-
vité sociale. »

Et ailleurs :

» Est-ce que la justice sociale n'est pas
violée si un seul homme n'a pas son droit,
son droit complet dans la famille, son droit
complet dans la cité ? Qu'est-ce donc si ce
sont des milliers ? Ne le serait-elle pas si
l'enfant qui, pour vivre et se développer,
ne peut se passer ni de son père, ni de sa
mère, est dépouillé de la liberté de rechercher son père ou sa mère ? Ne le sera-t-elle
pas si le devoir qui s'impose à l'un comme
à l'autre n'oblige par le fait de la loi que
l'un d'eux.

Et plus loin encore :

« Quoi ! Nous sommes les ministres de ce
grand acte qui tire du néant un être hu-

main, qui le met en face du mystère de la vie et de l'abîme de la mort, nous lui imposons l'existence ; c'est par nous qu'il s'abreuvera à la coupe des longues amertumes et nous pourrions, cyniques violateurs du droit sacré, souvent après avoir flétri la mère, dire à l'enfant : — Va devant toi, pauvre être indigent, deviens ce que voudra le destin ; souffre le mal de la vie, dès les premiers jours de ta naissance ; succombe même, germe divin où sommeillait peut-être une âme d'or, prosterne-toi sous la misère, sous le crime, sous une mort anticipée ; entre celui qui donne l'être et celui qui subit ce don, rien n'est commun (1). »

Et il se trouve encore aujourd'hui un sénateur, pour s'élever au nom de la morale, contre cette législation immorale, et pour

(1) Accolas, *les Enfants naturels*, bibl. Démoc. cit. par Zémon Flère.

demander d'introduire dans la loi militaire, qui doit être une loi d'égalité pour tous, des inégalités qui sont indignes d'un peuple libre !

Allons, monsieur le sénateur, abandonnez vos préjugez qui sont d'un autre âge. Elevez la voix contre les unions coupables, frappez les amours criminelles ; la tâche est noble et juste, et vous pouvez y consacrer vos veilles. Mais vous n'avez pas le droit d'atteindre les enfants ; l'humanité vous l'interdit.

Que l'enfant naisse légitime ou bâtard, il est l' « enfant », et ce titre-là doit appeler sur sa tête la protection de la loi. Puisque la nature lui confère le droit à l'existence, il ne vous appartient pas de prononcer contre lui une déchéance, et d'en faire, pour obéir à des conventions d'un socialisme mesquin, un exilé de la vie.

16.

III

LES PÈRES INDIGNES

On se rappelle que le 24 juillet 1889, une loi était votée pour la tutelle des enfants dont les pères devaient être déchus de leur puissance paternelle. M. le ministre de la Justice, dans une circulaire fort nette, fit connaître aux procureurs généraux son désir que la loi nouvelle fût rigoureusement appliquée, sans toutefois dépasser le but qu'elle se proposait.

Cette loi en effet est une œuvre de protection en faveur de l'enfance, et elle ne porte atteinte à la puissance paternelle que dans la mesure étroite où l'exercice de cette protection l'y oblige.

Je n'ai pas à examiner ici comment les parquets ont fait déjà et feront encore l'application de la loi ; quels sont les cas où la justice devra intervenir, à quel ordre de tutelle, suivant les villes, donnera lieu la sentence de déchéance ; je n'ai pas à rechercher, à propos de cette question, laquelle on doit préférer de la bienfaisance publique ou privée ; ni à discuter le point de savoir si la déchéance, quoiqu'en dise la loi, ne relève pas plutôt d'une constitution pénale que d'une constitution civile. Tout cela est dit fort clairement dans la circulaire du garde des sceaux, tout cela avait été longuement et sagement débattu dans la séance de 23 novembre 1888, tenue par le conseil supérieur de l'assistance publique, ainsi que dans le rapport présenté par M. Courcelle-Seneuil au Conseil d'Etat en juillet 1888.

Ce que je veux dans ce livre d'étude, c'est causer un peu avec les gens qui crient au viol de la puissance paternelle. D'abord qu'est-ce que c'est que la puissance paternelle? Il faudrait s'entendre là-dessus. Pour certains enfants, elle se manifeste par des privations de dessert, quand les leçons ne sont pas sues et par quelques fouettées pour dégoûter de la désobéissance. C'est là de la puissance paternelle très morale et entrant dans les attributions du bon père de famille.

Mais il y a des gens qui ont appris par cœur la *Cité Antique* du regretté Fustel de Coulanges, et qui dès qu'on agite la question de famille et de père, vous exhibent le *Pater familias*, de Lhomond, et appellent Justinien à la rescousse.

« Et que faites-vous, s'écrient-ils indignés, de la *Patria potestas* du titre IX ? Que faites-vous du paragraphe 2 : « Or, ce droit de puissance que nous avons sur nos enfants, est le propre des citoyens romains ; il n'est pas d'autres hommes pour avoir sur leurs enfants une puissance aussi absolue que nous. *Jus autem potestatis, quod in liberos habemus, proprium est civ.um Romanorum, nulli enim alii sunt homines, qui talem in liberos habeant potestatem, qualem nos habemus.* » QUALEM NOS HABEMUS ! Songez donc, immense et entièrement arbitraire, suivant Denys d'Halicarnasse, contenant le droit de vie et de mort, *jus vitæ et necis.* »

Et avec ceux-là, tous les autres droits intermédiaires, dirons-nous aux fanatiques de la famille antique, car, je ne sais si ma mémoire me trompe, mais j'ai lu dans Suétone une histoire d'enfants vendus dont Tibère usait et abusait avec la plus scandaleuse et la plus impudique des libertés. Si c'est pour cela que la loi romaine compte encore des admirateurs, il faut convenir que notre civilisation actuelle, la civilisation de la raison et du bon sens, s'accorde peu avec les raffinements de sa sœur très aînée et très latine. Si c'est vers l'image de la famille au temps de la *patria potestas im-mensa et plane* δεσποτική, que se tournent les défenseurs actuels de cette puissance sujette à caution, il fait bon remarquer que c'est justement contre les écarts de cette puissance que la loi de juillet 1889 a été faite.

Certes, la puissance paternelle est la plus ancienne institution des pays civilisés ; mais c'est une institution, et, comme le dit très justement M. Courcelle-Seneuil,

« si la paternité est un fait de nature, la puissance paternelle est, comme le mariage d'où elle naît, une création de la loi civile qui constitue la famille et lie ses membres par des conditions qui sont pour eux des engagements. »

Et il ajoute :

« La puissance paternelle établie pour la protection des enfants en considération des sentiments qui animent la plupart des pères, n'a pas de raison d'être lorsque des pères, qui n'ont pas les sentiments paternels, en font un moyen d'oppression. »

Eh bien, ô braves optimistes dont la morale est encore affublée du peplum antique, croyez-vous qu'ils ne soient pas fréquents les exemples des parents indignes, se servant de leurs enfants comme d'instruments naturels à des spéculations honteuses et faisant, de par la puissance que vous réclamez pour eux, commerce de monstrueuse infamie.

De temps en temps, les tribunaux ont bien à juger un coupable de cette qualité ; il s'agit d'actes incestueux, dont un huis-clos prudemment ordonné empêche les détails répugnants de répandre la gangrène morale ; ou bien d'excitation de mineurs à la débauche, etc. Mais ce ne sont là que des cas isolés. Combien y a-t-il, au contraire, de crimes commis, sous le couvert de cette même puissance paternelle, crimes restés impunis, parce qu'aucune législation ne permettait de les atteindre directement et qu'ils avaient toutes les facilités de se dérober.

L'enfant qui avait l'intuition qu'il était un être non protégé contre le père ou la mère coupables, craignait de se plaindre et se faisait le complice de sa propre tor-

ture, en gardant le secret de sa honte.
Quand la peine était trop lourde à porter,
que les dégoûts débordaient de son cœur
flétri, que toute force, tout courage lui man-
quaient pour lutter encore, pour résister
aux assauts criminels, pour secouer un
joug qui le courbait dans la fange, l'enfant-
martyr se jetait d'un sixième sur le pavé de
la rue, ou enjambait le parapet d'un pont, et
le lendemain, les journaux enregistraient le
suicide précoce, n'y trouvant pas d'explica-
tion acceptable.

Ah! les suicides d'enfants m'ont toujours
causé une poignante tristesse ; car derrière
chacun d'eux se cache le mystère d'une douleur arrivée à son paroxysme. Chez l'enfant,
le suicide n'est jamais un acte de justice, —
suivant l'expression courante d'après laquelle un homme coupable qui se tue se fait
justice —; le suicide chez l'enfant est tou-

jours un coup de désespoir. Et comme le
nombre de ces suicides est aussi grand que
le vice a d'hypocrisies pour ne pas se trahir,
on peut songer à quelles ignobles exploitations l'enfant doit avoir été en butte pour
en venir là.

Les exploitations ! On les connaît ; elles
sont aussi crapuleuses que variées. Dans
les villes, et aussi dans les campagnes,
vous voyez des enfants qui sont l'objet de
marchés inqualifiables. A Paris, dans certains quartiers, où le vice blasé a besoin de
piments, il y a de sales mégères qui pro-
mènent des petites filles déjà rompues aux
pratiques des plus obscènes prostitutions ;
il y a des maisons qui servent de bagnes à
d'innocentes recrues, et où très chèrement
se payent les saturnales.

Il n'y a pas encore longtemps, les échos
du Palais nous rapportaient l'histoire d'un

père qui ne se contentait pas d'abuser de sa fille, mais encore avait confié la pauvre enfant à une immonde *meretrix*, pour tirer de l'argent de sa chair.

L'an dernier, une jeune fille de treize ans s'asphyxia à l'aide d'un réchaud de charbon. On expliqua sa fatale détermination par une histoire quelconque, qui fut crue : la mère, honnête veuve, disait-on, montra un chagrin dont le voisinage fut attendri. Pourtant le hasard fit connaître la vraie cause du suicide : cette honnête femme avait conduit sa fille à des turpitudes telles, que l'enfant avait préféré la mort au renouvellement de pareilles abominations.

La loi a donc raison de déchoir de leur puissance les pères indignes. Elle a raison de placer les enfants en tutelle, et d'interdire aux parents la réclamation des enfants ainsi élevés.

« Les demandes de restitution de puissance paternelle, dit encore M. Courcelle-
Seneuil, seront souvent suspectes, parce
qu'elles se produiront presque toujours pendant la période où l'enfant commence à rapporter plus qu'il ne coûte, de sorte que le
père aura un intérêt positif, peut-être non
avouable, à reprendre sa puissance paternelle. »

Qu'on les garde, ces enfants élevés sous
la tutelle de l'État, élevés en hommes libres, dans une société libre, et non plus en
captifs dans des entreprises d'exploitation
plutôt que de charité. Qu'on en fasse des
travailleurs mûris pour les besognes fé-
condes ; qu'on en fasse des ouvrières tour-
nant leurs vœux du côté d'un foyer fami-
lial qui deviendra le leur, et n'ayant pas
de regards pour les coquetteries faciles,
qui les feraient rouler de l'alcôve des

courtisanes au préau de Saint-Lazare.

La loi, dont M. le ministre de la Justice recommande l'application dans sa circulaire, est plus qu'une loi de protection effective, c'est une loi morale, nécessaire à l'heure qu'il est, où la chanson, cette voix du peuple, triomphe avec la *Marche des dos*, et hoquette dans l'ordure. J'aime mieux les chansons d'il y a vingt ans, celles qu'Alexis Bouvier écrivit pour le peuple, et où les pères, encore qu'un peu trop fidèles à la bouteille, ont le respect de la femme et de l'enfant :

> Qu'ell' soit ma fille ou bien la sienne,
> J' l'aime, c't' enfant, et je n' veux pas,
> Quand j' n'y s'rai plus, qu'un autre vienne
> Sur ses parents gloser tout bas !...
> On dira : L' père aimait son verre,
> C'était un bon garçon, pourtant...
> Mais on n' méprisera pas l'enfant,
> On n' saura pas c' que fut sa mère.

IV

LES PETITS MENDIANTS

Comme le temps était pur, le ciel bleu
et le soleil plein de gaieté, les Champs-
Élysées avaient retrouvé, dans la journée,
leur aspect vivant. Autour des parterres
verdissants, les enfants prenaient leurs
ébats. Sous les arbres, parmi les allées, les
voitures aux chèvres accomplissaient leur
trajet coutumier, toutes chargées de bébés
riants. Assis en rond sur les chaises de fer
jaune, des groupes de personnes, aux toi-

lettes élégantes, causaient et humaient l'air
attiédi de mai, devenu plus clément. Les
bancs étaient occupés par des dormeurs
capables de tenter le pinceau de Pelez ou
de Raffaëlli.

Or, dans une allée passa un mendiant
accompagné de plusieurs enfants. Une
jeune fille toute blonde, toute rose, à la vue
de cette misère, se détacha d'un groupe, et
courant vers l'homme, le regard brillant
d'une bonté candide, lui offrit, sans compter,
comme les âmes généreuses savent le faire,
une poignée de ces tickets inventés par la
philanthropie, et qui permettent aux déshérités d'obtenir gratuitement du pain et de
la viande.

L'homme refusa brutalement, cynique-
ment. Ce qu'il voulait c'était l'aumône vile,
qui permet d'aller boire, tandis que les enfants crèvent de faim. La jeune fille s'enfuit

alors, toute triste, toute honteuse de cette infamie qui se révélait à elle. Elle à qui l'on avait enseigné que la charité n'était pas seulement un plaisir, mais un devoir, elle venait de comprendre sans doute contre quels vices il fallait lutter pour l'accomplir..

Et l'homme passa, face hideuse, ravagée par toutes les dépravations, et ignoble d'expression haineuse et bestiale, et les petits enfants le suivirent, à peine couverts de sordides haillons, loqueteux dont les chairs ecchymosées et les membres grêles indiquaient les privations, les fatigues et les tortures.

J'espérais pourtant, qu'après le mémoire documenté du docteur Decaisne, mémoire communiqué à l'Académie de médecine, ceux qui ont mission de diriger l'Assistance publique, d'accord avec la police, s'efforceraient de remédier à ce déplorable état de

choses, et d'empêcher l'exploitation scandaleuse de l'enfant comme moyen d'attendrir
la commisération des passants.

Il n'en est rien. Partout où le luxe et la
richesse se montrent, les misérables se
pressent, tâchant d'éveiller un sentiment
de pitié, quelquefois de crainte, car ces
gens-là ne reculent devant rien.

Il ne s'agit pas ici de ces malheureux, de
ces victimes d'infortunes imméritées, qui
hésitent à demander leur pain, et n'ayant
pas osé, cherchent dans le suicide le remède à leur désespérance et à leur détresse.
Ceux-là, l'ingénieuse indiscrétion de la charité parvient souvent à les découvrir, et des
mains pieuses sont expertes pour déposer,
sur le grabat où ils gisent désolés, l'aumône
qui retarde la mort.

Je veux parler au contraire de cette
tourbe qu'entretiennent les indulgences de

la police ; de cette armée des infâmes, capable de tous les vices et de tous les crimes,
qui fait avec une impudente liberté la traite
des femmes et celle des enfants.

Ah ! nous savons ce qu'il en faut croire
de ces pères de cinq enfants en bas âge, de
ces mères qui portent sur les bras ou
traînent dans d'étranges brouettes des
nourrissons qu'elles n'ont jamais allaités !
Et pourtant, l'on ne peut se défendre d'une
violente émotion devant tous ces petits qui
souffrent, et sont rivés par une fatalité
incroyable au rôle qu'une main cruelle les
oblige à jouer dans le drame permanent de
la mendicité.

Une main, rien qu'une main, une main
lourde qui frappe, qui s'abat sur les épaules
avec des brutalités de massue, une main
qui fait craquer les vertèbres, une main qui
précipite sur le carreau du taudis et brise

un bras ou une jambe, une main qui déchire
la face, une main qui semble assoiffée de
sang, une main qui s'oublie parfois jusqu'à
tuer, lorsqu'après la journée finie, la longue
journée sans pain, passée dans la rue par
tous les temps, par toutes les saisons, les
enfants exploités ne laissent pas tomber du
chiffon, dans lequel ils les ont attachés, les
pièces que le triste spectacle de leurs souf-
frances a fait sortir des poches bienfai-
santes !

Et dire qu'il y a de ces monstrueux
exploiteurs, de ces industriels éhontés, qui
font figure sur le boulevard et fréquentent,
en hommes à la mode, les cabarets de nuit
où l'on s'amuse, où la jeunesse dorée s'é-
puise stupidement !

Tout ce qui est malheureux devient favorable d'ailleurs à ce genre d'exploitation.
Plus la physionomie de l'enfant est souffre-

teuse, plus les infirmités qui accablent ce petit corps sont capables d'inspirer de dégoût et d'horreur, plus la pitié se laisse attendrir et, par conséquent, plus l'enfant est marchandise appréciable pour le trafic de la sentimentalité.

Celui-ci, prêté par une de ces *garderies* à qui les mères sont coupables de se fier, celui-ci a encore de fraîches couleurs roses, un joli sourire ingénu : vite qu'on le fasse jeûner, qu'il maigrisse, qu'il n'ait même plus la force de pleurer, qu'il semble presque un cadavre ; alors sa location sera facile.

Celui-là, dès le berceau — et quel berceau ! — a subi quelque mutilation écœurante, ou porte sur tout son être rachitique le stigmate des hontes dont il est issu : vite qu'on l'entretienne dans cet état ; cet esclave-là sera d'un excellent rapport.

Et je ne m'occupe ici que du point de vue physique !

Sous le rapport de la psychologie, les choses vont plus mal encore : l'enfant, à cette école-là, s'il ne meurt pas avant de grandir, devient incapable de se relever. La gangrène morale est plus incurable encore chez lui que le mal physique, parce qu'elle l'entretient dans cette vie factice du mensonge, où le jugement s'atrophie, où la notion de ce qui est le bien s'efface irrémissiblement.

Qui ne connait pas la *Petite Chanteuse*, cette touchante histoire, si bien racontée par Eugène Manuel ? Il nous montre la pauvre enfant chantant et pleurant tour à tour, selon qu'elle est seule, jouant sur les pelouses du Bois ou qu'elle remplit sa tâche auprès des promeneurs qu'elle poursuit et qu'elle implore.

Je la regardais vivre et l'entendais de loin.
Comme un fardeau que pose un porteur qui s'arrête,
Elle allégeait son cœur, se croyant sans témoin,
Et les senteurs d'avril lui montaient à la tête !

Puis, bientôt s'éveillant, prise d'un souvenir,
Elle accostait encor les passants, triste et lente ;
Son visage à l'instant savait se rembrunir,
Et sa voix se traînait et larmoyait dolente.

Mais quand elle arriva vers moi, tendant la main,
Avec ses yeux mouillés et son air de détresse ;
— Non, lui dis-je. Va-t'en et passe ton chemin !
Je te suivais : il faut, pour tromper, plus d'adresse.

Tes parents t'ont montré cette douleur qui ment ?
Tu pleures maintenant : tu chantais tout à l'heure !
L'enfant leva les yeux et me dit simplement :
— C'est pour moi que je chante et pour eux que je
                                    [pleure !

Peut-on en vouloir d'ailleurs à l'enfant,
inconscient du métier qu'il fait ? Comment
résister à la pitié que son âge et son dénû-
ment éveillent. Ne faut-il pas songer plutôt
au châtiment qui l'attend s'il n'apporte pas
la somme exigée ?

Ce que nous voudrions, c'est que ceux qui spéculent honteusement de l'enfance soient traqués dans l'exercice de leur inqualifiable profession et frappés avec la dernière rigueur.

L'aumône alors pourrait se faire plus abondante, plus utile, sans l'arrière-pensée d'une tromperie, sans le regret d'un encouragement donné à cette sorte de prostitution clandestine. Car ceux dont la main s'ouvre aux misères coudoyées dans la rue, n'ont pas toujours l'âme assez élevée, assez généreuse pour s'écrier avec le poète que je citais tout à l'heure :

Et qu'importe, après tout ? Donnons dans chaque piège ;
Devant la main qu'on tend, l'enquête est sacrilège.
Pour que le pauvre ait droit à notre charité,
Il suffit de sa honte et de sa pauvreté.
Et tout ce qu'on découvre et tout ce qu'on devine,
Ne doit rien retrancher de l'aumône divine !

V

LA TRAITE DES ENFANTS

Plaçons-nous maintenant à un autre point de vue, car le sujet des petits mendiants ne saurait être épuisé si rapidement.

Il y a quelques mois, la cour d'assises de la Seine s'occupait d'un marché conclu entre une sage-femme et une dame désireuse de reconquérir son mari, au moyen d'une grossesse qui n'était rien moins que fictive. Une enfant, une petite fille, née chez la sage-femme, avait été soustraite à la mère et livrée à la contractante. Le bruit

18.

s'en répandit jusqu'au parquet, où une lettre anonyme le précisa, et c'est ainsi que le jury eut à se prononcer sur l'affaire.

Heureusement pour l'accusée, la sage-femme put établir que les sommes qui avaient été stipulées pour prix de cette vente n'avaient pas été versées, et le jury rapporta un verdict d'acquittement.

Certes, je suis loin d'approuver un pareil trafic, mais qu'est-ce qu'un fait semblable, qu'est-ce que ce cas isolé, à côté de la traite des enfants que l'Assistance publique, en dépit de ses efforts, n'a pas encore vaincue, et qui, tous les jours, livre à la mendicité des centaines de sujets, en attendant que ces sujets grandis aillent peupler les mai-sons centrales et les centres de relégation? A moins que les mauvais traitements qu'ils auront subis ne les destinent à l'amphi-théâtre des hôpitaux.

Ce n'est pas chose nouvelle que le vice a ses industriels spéciaux, spéculant sur la paresse et la misère, pour acheter des enfants, quand ils ne les volent pas, et les louer aux mendiants de profession.

Le roman s'est plusieurs fois inspiré de ces manœuvres coupables, et tous nous nous souvenons de la terreur qui nous empoignait à l'heure de la prime jeunesse, quand on parlait devant nous des voleurs et des voleuses d'enfants. Il y a des gens doués d'une dose égale d'optimisme et de scepticisme pour ne pas croire à l'existence actuelle de ce trafic. Et pourtant rien n'est plus avéré.

Non seulement des parents font mendier leurs rejetons pour leur propre compte, mais encore certains couples indignes échangent à des marchands d'esclaves les petits nés de leurs immondes tendresses, contre une somme fixée, ou un payement à forfait.

C'est ainsi que, par les rues et les promenades publiques, des femmes vous demandent l'aumône, au nom d'une maternité qu'elles portent sur le bras, sans l'avoir jamais sentie palpiter dans leurs flancs, et qu'après la journée finie elles vont déposer à l'*agence* — ce sont de véritables agences, en effet, — pour l'aller rechercher le lendemain, en remplissant, au départ et au retour, les mêmes formalités d'administration bien tenue.

Car vous n'imaginez pas, je suppose, que ces chefs de maisons aient pour leur clientèle une confiance aveugle. Ils savent trop ce qu'ils valent eux-mêmes, et s'entourent de toutes les garanties nécessaires.

Songez donc : Si l'un des mendiants allait porter chez le loueur concurrent le poupon

cueilli le matin au magasin, et le revendre
comme étant le sien? Demander la restitution par la voie des tribunaux serait dangereux pour tous et d'un résultat contraire à
celui qu'on en attendrait. Il faut donc que le
loueur ait entre les mains des armes suffi-.
santes pour écarter de l'esprit de ses clients
et clientes l'idée de semblables tentatives.

Et puis, le métier est difficile : il y a une
concurrence sérieuse. Ce n'est pas que cette
chair humaine soit entretenue à grands
frais et avec une touchante sollicitude; mais
il faut empêcher que les prix ne subissent
de trop grands écarts, que les cours de ces
valeurs — non cotées à la Bourse — ne
soient soumis à des variations préjudiciables
au fructueux exercice de la profession; il
faut qu'une échelle mobile maintienne
adroitement le marché, sans encombrement
et sans disette, et pour cela le flair et des

années de pratique ne suffisent pas ; il est
nécessaire d'exercer une surveillance active,
une surveillance qui ne se relâche pas d'un
instant.

Quel dommage que ces intéressants industriels ne puissent pas se faire aider
dans leurs tournées d'inspection par les
agents de la sécurité publique. Ce serait
autant d'économie pour leurs agences, où
le rôle d'inspecteur deviendrait inutile.

On remédie à cette lacune de notre administration en indiquant aux clients un
itinéraire dont ils ne peuvent s'écarter, un
quartier où ils doivent demeurer pendant
leur faction de mendicité ; un peu plus, ils
recevraient une feuille de route.

Et dire que cela se passe presque au
grand jour ! dire qu'à côté de misères profondes et imméritées qui sollicitent la charité des passants, la majorité des mains qui

se tendent vers vos poches, des êtres qui se pendent à vos vêtements, et vous poursuivent avec une audacieuse insistance de leurs boniments, terminés généralement, en cas de refus de votre part, sur le ton de la plus ignoble grossièreté, dire que cette majorité se compose des associés d'une exploitation criminelle dont l'unique ressource est cette chose sacrée : l'Enfance !

Parmi ces associés, il y a les patrons et les sous-ordres ; ceux qui font travailler et ceux qui travaillent, les capitalistes et les prolétaires, la haute banque du crime et les courtiers marrons de l'infamie, les gens à grosses chaînes d'or et ceux dont les vêtements — et quels vêtements ! — s'attachent avec des ficelles !

Que vienne une fête, et vous la verrez sortir de partout, cette armée honteuse de misérables, comme ces vers qui, après la pluie, percent la boue, entre les pavés, et semblent réclamer leur part de soleil. Et ce sont des milliers d'enfants qu'ils associent au spectacle de leurs turpitudes, quand ils ne les obligent pas, par de monstrueux caprices, d'y prendre part.

Et c'est au milieu de cette infection que les pauvres petits grandissent tant bien que mal, si le hasard ne met pas leurs gardiens dans l'obligation de se défaire d'eux et de les confier à cette rédemption, encore insuffisante, bien que généreuse et déjà très étendue de l'Assistance publique.

Les pauvres petits grandissent, ai-je dit ; plût au ciel qu'ils se fussent à jamais endormis dans leurs maillots, fait de haillons sordides, par les cruels froids des mois où il neige, plutôt que de connaître, avec l'âge, les tortures qui les guettent à leurs premiers pas !

L'industriel ne se contente plus alors d'être un marchand d'esclaves achetés au berceau ; il devient fabricant de martyrs.

L'enfant, en effet, a grandi ; son louage est plus difficile ; c'est pour lui le temps d'aller mendier seul. Il sera son propre locataire ; c'est-à-dire qu'on l'enverra sur les voies où il y a du mouvement, et il devra, le soir, rapporter sa recette, dont le chiffre est fixé d'avance, sinon on le brutalisera, au lieu de lui donner le morceau de pain rassis ou moisi qui constitue en échange de « son travail » des honoraires en nature.

Seulement la misère, quand elle n'est pas accompagnée de quelque laideur, la misère excite moins de pitié ; il faut donc obtenir cette laideur, soit avec une mutilation bien apparente, soit avec un estropiement quelconque, soit avec l'atrophie volontaire de quelque membre ou de quelque organe.

19

L'enfant, le martyr est donc mis « en forme ». On place son petit être chétif et désolé, et condamné souvent au vice précoce, en de criminelles entraves ; on le prépare pour les ignominies écœurantes, pour les purulences incurables, pour les anomalies terribles, qui rendent la mort cent fois préférable à la vie, et feront que le passant détournera les yeux de dégoût, comme si la vue seule de ces hideux résultats était une souillure.

Et lorsque l'œuvre aura été consommée, l'enfant sera jeté au trottoir ; il deviendra à son tour l'un des insectes rongeurs de cette corruption : la mendicité ! Il sera la scorie vivante à qui l'on donne des sous, pour qu'elle s'éloigne.

L'aumône sera dès lors plus spontanée, mais elle n'aura plus que la signification d'un coup de balai !

Et pourtant, parmi tous ces petits malheureux, que de natures d'élite seraient capables de se développer, si un hasard bienfaisant les retirait à temps des geôles où la misère, dont elles sont innocentes, les a précipitées !

Il est, au faubourg Saint-Germain, une très noble dame, aujourd'hui toute belle, avec ses cheveux blancs. Une main providentielle, après l'épreuve imméritée d'une enfance livrée à des infâmes, l'a enlevée à la chute qui devait être son lot. Cette main, après avoir pris soin de l'enfant abandonnée, a guidé la jeune fille et en a fait une femme.

Mais, comme si la force inconnue qui dirige toutes choses avait craint, chez cette protégée, une hérédité fatale, la femme n'est jamais devenue mère. Elle a donné l'exemple, pourtant, de toutes les vertus domestiques.

En ·souvenir, sans doute, du mauvais rêve qui avait plané sur son berceau, elle a eu le cœur ouvert à toutes les pitiés ; elle a eu la main tendue vers toutes les misères. On l'a vue partout où une œuvre saine et forte était à accomplir. Elle a donné des preuves de courage que nulle autre n'a dépassées ; et pendant sa longue carrière qu'elle achève dans le culte obstiné du bien, elle a fourni ce rare exemple : elle s'est tue.

Autour d'elle, on ne sait rien de son passé, on ne sait rien des sacrifices qu'elle ne cesse de s'imposer ; on devine seulement le mystère superbe de sa vie, sans soupçonner même le honteux mystère de sa naissance, et elle, la noble femme, est plus heureuse du devoir sans relâche accompli, que du respect qui l'environne, et qu'elle a si dignement conquis.

Son nom? Pourquoi vous le dirais-je?
Il ne m'appartient pas de le révéler. Ce
n'est pas elle d'ailleurs qu'il s'agit d'exal-
ter. C'est le sort des malheureux pour qui
la fortune n'aura jamais le regard propice
qu'elle connut, c'est le sort de ces malheureux qu'il s'agit de déplorer.

Dernièrement, dans un rapport substan-
tiel, comme le conseil supérieur de l'Assistance publique, cette haute et belle institution républicaine, a coutume d'en entendre,
M. L. Brueyre a examiné et analysé les
articles d'un projet de loi sur les enfants
assistés. Après avoir étudié toutes les législations qui ont régi cette matière, il a
montré quels avaient été les efforts tentés
jusqu'à présent, et quels efforts restaient
encore à faire.

Puissent les pouvoirs législatifs, s'inspi-
rant des bonnes volontés du conseil supé-

rieur de l'Assistance publique, arriver à donner aux tribunaux les armes nécessaires pour réduire, dans la mesure du possible, la traite des enfants; ce trafic honteux qu'il est du devoir de la civilisation et de l'humanité de combattre, jusqu'à l'heure espérée, mais hélas! lointaine encore, où l'on en triomphera.

VI

L'INTERNAT ET LA DISCIPLINE

Est-il une question qui ait été plus souvent discutée, et sur laquelle on se soit encore moins accordé? Les adversaires et les partisans sont nombreux, et leurs poches semblent bourrées de bonnes raisons.

Les uns, s'armant du savant ouvrage (1) de M. O. Gréard, s'insurgent contre l'internat et rappellent, d'après le vice-recteur

(1) *Éducation et instruction*, 4 vol., 1887. Hachette, éditeur.

de l'Académie de Paris, « les dangers de
ses agglomérations, sa claustration malsaine pour l'esprit comme pour le corps,
ses règles nécessairement étroites qui
brisent trop souvent chez l'enfant le ressort
de la volonté, qu'une éducation bien en-
tendue doit avoir pour objet de fortifier, les
difficultés du recrutement des maîtres inté-
rieurs, l'éloignement de la famille qui se
désintéresse, tandis que l'enfant lui-même
se désaffectionne, etc. »

. Les autres, croyant que l'Université se
trouve attaquée, dans l'attaque de l'internat, répondent que le progrès a donné des
gages à l'internat comme à toutes choses ;
que le bien-être dans les lycées est réel
maintenant ; que la situation qui est faite
aux élèves interdit à ceux qui l'affirmaient
autrefois de voir dans l'internat une
atteinte à la liberté individuelle ; que d'ail-

leurs ce mode d'instruction est le moins embarrassant et le moins coûteux, et qu'en fin de compte, ceux qui en demandent la suppression ne proposent rien à la place ; et d'autres arguments encore de même provenance.

Sans vouloir la mort de l'internat, comme les premiers ; car d'une part l'internat est trop entré dans nos mœurs pour disparaître du jour au lendemain, et d'autre part sa suppression dans les établissements de l'État ne servirait qu'à favoriser les maisons d'instruction religieuse ; sans me faire le champion de l'internat comme les seconds, car, lorsqu'on y réfléchit, la conscience subit l'internat plus qu'elle ne l'accepte ; sans préconiser enfin, comme M. le vice-recteur, l'externat surveillé, communément appelé demi-pension, qui présente sous le rapport des dangers moraux les mêmes inconvénients que l'internat, je prétends qu'il faut maintenir l'internat, mais avec une façon d'agir toute différente de celle qui est la méthode imposée d'aujourd'hui.

Ce qui faisait qu'autrefois l'internat était considéré comme le meilleur agent d'instruction et d'éducation, c'est qu'on traitait dans les collèges et lycées les élèves comme des élèves ; c'est que le besoin d'émancipation ne s'était pas encore fait sentir chez les adolescents ou même les enfants ; c'est que la discipline était inflexible, impassible même, et que l'enfant n'était pas admis à discuter les actes de sévérité dont il était l'objet.

On ne faisait pas avec les élèves de la discipline paternelle ; on n'invoquait pas à tout propos une dignité personnelle, qui ressemble fort à une insupportable fatuité et à un sot amour-propre. On apprenait d'abord à obéir, et l'internat, on a pu le dire justement, fut la véritable école de l'égalité. Tout le monde y était traité de même sorte, dans le respect de la hiérarchie. On n'y désapprenait pas la famille, car après les semaines et les mois passés. sous une règle sévère on était au contraire heureux de rentrer au foyer, de se relâcher d'une attention toujours en éveil et de reprendre haleine aux doux épanchements d'affection et aux tendres abandons de filialité.

Aujourd'hui, que se passe-t-il, et pourquoi l'internat est-il devenu une chose mauvaise, une chose que des voix très autorisées battent encore en brèche?

On a répété sur tous les tons à des gamins imberbes, qu'ils étaient des hommes libres; que par conséquent ils devaient refuser toute servitude; et que la discipline,

qui contraignait leur volonté, était justement une de ces servitudes inacceptables.
Aussi, la discipline est-elle allée rejoindre
au vestiaire les vieilles méthodes inusitées,
les vieux livres que le progrès de la science
a voués aux poussières de l'oubli.

Mais ces jeunes gens, que le maître ne
punit qu'en tremblant et pour qui le pensum
— l'horrible pensum — est un hors-d'œuvre
auquel ils peuvent répondre par un :
« Merci, je n'en mange pas ! » très insolent;
ces jeunes gens, qui au nom de leur dignité,
de leur liberté individuelle, discutent tous
les ordres qu'on leur donne, et se disent de
suite : « Devons-nous obéir ? » au lieu de :
« Obéissons », ces jeunes gens, ces petits
hommes du lendemain, à qui l'on saura un
gré infini de bien faire, et que par une coupable faiblesse on jugera irresponsables des
fautes commises; ces jeunes gens, sûrs de

l'impunité, contractent dans l'internat ces
maladies de l'esprit et du cœur, qu'il est
plus tard impossible de guérir ; ils se
sentent soutenus par un mouvement d'opinion irréfléchi, aveugle ; ils trouvent même
des complices dans leur famille, pour se
soustraire à cette règle qu'on leur demande
très humblement d'appliquer, et il se produit ce fait étrange, c'est que ces jeunes
gens, pour l'allègement desquels on a crié
au surmenage, sortent du collège ou du
lycée, et sont pour le plus grand nombre
de véritables cancres sur chacun des chapitres inscrits au programme officiel de leur
instruction.

Eh bien, ce qu'il faut si l'on veut que
l'internat fournisse à l'enfant, suivant le
mot du président Henry Mesmes, un contemporain de Montaigne, « la conversation
de la jeunesse gaie et innocente et la règle

20

qui la fait dégorger en eau courante », ce qu'il faut, c'est rendre aux maîtres, dans les internats, la possibilité, le devoir d'exercer une discipline, élevée s'entend, mais inexorable, une discipline qui s'inspire de la justice humaine, et des ménagements que réclame la nature essentiellement sensitive de l'enfance.

Laissons aux utopistes, qui n'ont jamais parlé devant cinq enfants réunis, leurs erreurs sur l'instruction, et leurs songeries creuses sur la liberté d'agir due à des êtres, en l'âme de qui la liberté de penser n'est peut-être pas encore éveillée, et prenons la question avec le simple bon sens d'une expérience acquise.

Il faut être sévère, il faut que les chefs se fassent obéir. L'obéissance serait-elle une vertu anti-républicaine ? L'exemple des aïeux, de ceux dont on a multiplié et fêté les centenaires, n'est-il pas là pour nous rappeler ce que peut la discipline sur des esprits, même mal préparés pour les grandes luttes?

Et n'est-ce pas un dangereux paradoxe que de traiter de geôlier celui qui, dans l'exercice de sa mission d'éducateur, sait avoir la fermeté de se faire obéir. Mais voilà! Pour être dans le mouvement ou par excès d'amour, les parents ont poussé leurs enfants dans la voie de l'insubordination. En traitant avec une légèreté de mauvaise compagnie le personnel auquel ils les confient, ils les ont empêchés d'avoir pour celui-ci le respect dont il a besoin et dont il est très digne d'ailleurs.

En somme, ce qu'il y a de plus à craindre dans l'internat, c'est la famille de l'élève interne.

Ce qui empêche l'internat d'être tel que

nous le souhaitons tous, c'est la famille qui, trop hâtée de voir apparaître l'homme dans l'enfant, l'aide à se raidir contre une autorité dès lors impuissante.

Qu'on apporte toutes les modifications matérielles possibles dans les aménagements des lycées ; que le bien-être et le confortable n'y soient pas un vain mot, que la nourriture y soit saine et abondante autre part que sur le prospectus, que l'hygiène y ait une complète satisfaction, avec des piscines et des gymnases, que le luxe y ait sa place, avec des manèges, salles d'armes, stand, etc., soit : mais tout cela est stérile, et l'internat n'est pas meilleur, s'il manque pour tout diriger une main ferme qui sache tenir sans faiblesse, sans tâtonnements, les rênes de ce formidable attelage, et un œil vigilant qui sache tout voir.

Sans cette condition, à mon sens indis-

pensable, l'internat, comme le veulent de-
depuis quelques années des hommes qui
cherchent déjà des électeurs dans les rangs
de l'école, l'internat, avec la menace conti-
nuelle de plaintes qui inquiétent un personnel intéressant, et en fait par la force
des choses un personnel intéressé, l'internat, cette vieille et excellente institution
devient une institution néfaste, car on y
laisse libre cours aux appétits malsains, et
dans l'indiscipline que les maîtres et administrateurs ont l'ordre de ne pas réprimer,
c'est non seulement la ruine de l'école qui
se prépare, mais aussi la ruine du foyer,
c'est le respect de la famille qui s'en va;
c'est la porte ouverte à tous les débordements d'une jeunesse livrée à ses seuls
instincts, et incapable de se guider elle-
même.

Or, si m'en croyez, vous, à qui incombe

la tâche de prononcer sur toutes ces graves
questions, avant de créer d'autres lycées
et d'élever, en dehors de la ville, de vastes
établissements où les enfants, n'ayant pas
la jouissance des parcs qui les entourent,
pâlissent d'ennui et se comparent aux sujets qu'on élève dans une colonie agricole,
rendez à l'internat sa discipline, sa discipline féconde, qui impose aux esprits
jeunes non seulement le respect de ceux
qui l'instruisent, de ceux qui en feront des
hommes, mais aussi le respect d'eux-
mêmes.

VII

L'ENFANT AU THÉATRE

Depuis quelque temps, on a fait un tel abus d'enfants dans la représentation des pièces de théâtre, et principalement dans les féeries et les revues de fin d'année, que l'opinion publique s'est émue, et que la Chambre même est saisie d'une proposition tendant à réglementer le travail des enfants au théâtre, d'une façon définitive et conforme aux exigences de la morale la plus élémentaire.

Mais voilà que les intéressés jettent des
cris de désespoir, et considèrent cette ten-
tative de réglementation comme une atteinte à la liberté du travail. Un de nos
confrères même, et cela nous a profondément étonnés, trouve qu'il n'y a rien à reprendre à l'état actuel des choses. Il faut
bien que tout le monde vive. Ces enfants,
ces bébés de la figuration « ne sont pas fils
de millionnaires » — je m'en serais presque
douté — et il est bien juste pour les pauvres
parents, que « par un travail précoce ils
fassent mieux bouillir la marmite de la famille ».

Notre confrère, supposant à tort que tous
les enfants, affublés d'un rôle quelconque,
sont fils ou filles de gens employés au
même théâtre, prétend qu'il y a là une
excellente occasion de les surveiller. Enfin,
comme suprême argument destiné à écra-

ser la sotte et inopportune émotion des
cœurs sensibles, il ajoute dans un beau
mouvement de lyrisme : « Les enfants, habitués dès l'âge tendre à la vie théâtrale,
deviennent parfois des artistes non sans
mérite, et, s'ils ne sortent pas du rang, ils.
y peuvent rester en formant des équipes
de machinistes expérimentés. »

J'ai pour cette dernière profession le plus
grand respect, mais je me figure malaisé-
ment l'enfant de sept ans, petit garçon ou
petite fille, regardant avec admiration la
manœuvre d'un rideau de fond, ou le placement d'une herse, et s'écriant en se frappant le front, dans un noble élan d'enthousiasme et parodiant le mot resté célèbre
d'un peintre d'autrefois : « Moi aussi, je se-
rai machiniste ! »

Mais ce ne sont là que des points de vue
purement pratiques. Le point de vue moral,

qu'en fait donc notre éminent confrère? Il me semble pourtant qu'il mérite bien qu'on s'y intéresse.

J'admets que les auteurs ne mettent pas dans la bouche des enfants de ces grosses naïvetés qui font se tordre le vulgaire, parce qu'il y découvre de naïves grossièretés. J'admets que le rôle des enfants se borne à une muette figuration. Mais cela est trop encore.

Que verra l'enfant sur la scène? Des danseuses très court vêtues, qui s'escriment à qui mieux mieux en des poses plastiques dont le sens n'est douteux pour personne; des gestes dont l'abandon est proche souvent de l'obscénité; des frissonnements de chairs amollies qui parlent aux sens, et qui, s'ils ne donnent pas toujours une soif passionnelle, sont très capables d'éveiller des désirs curieux.

Il verra encore commettre des crimes, auxquels, de la salle, on répondra par des applaudissements. Il verra tout le jeu des choses de la vie, avec leurs exagérations troublantes, leurs crudités voulues, leurs erreurs irrésistibles et mystérieuses; il verra la fiction jouer la vérité, et par le fait de l'habitude, la fiction deviendra pour lui la vérité.

Son imagination, très jeune, très excitable, subira fatalement l'obsession de ce mensonge de toutes les nuits; il perdra la notion du sens commun, pour adopter inconsciemment les séductions trompeuses qui rampent devant lui.

Tout cela fera peut-être de l'enfant un grand artiste; tout cela en fera peut-être aussi un grand criminel.

Dans son curieux livre des *Misères du siècle*, le docteur Piéchaux a examiné avec

une compétence indéniable cette grave
question de la criminalité chez les enfants.
Il a établi d'une manière irréfutable, que
l'enfant subit la puissance du mensonge avec
une force telle, qu il va jusqu'à s'accuser
lui-même de fautes qu'il n'a pas commises,
dût-il s'attirer ainsi des châtiments pénibles.

Eh bien, cette vie du théâtre n'est-elle
pas, plus que toute autre, capable de développer en lui les instincts mauvais; n'est-
elle pas la plus propre, en l'amenant insen-
siblement à accepter pour vrai ce qui n'est
qu'une vaine convention, à troubler son
entendement, et à le préparer à des fautes
dont il ne se relèvera pas?

Je n'ai encore parlé que du danger de la
scène.

Et la promiscuité des coulisses, ne doit-
elle pas entrer en compte?

Je ne voudrais pas médire de l'art dramatique, mais enfin il est de notoriété publique que la vie des artistes est pleine d'irrégularités charmantes, si l'on veut, excusables, j'en conviens, mais qui n'en sont pas moins dangereuses pour des natures peu développées encore. Il y a même des établissements où l'exhibition de maillots et de gorges nues n'est qu'un tremplin scandaleux pour des prostitutions inavouées. Toutes ces chairs découvertes, qui répandent autour d'elles l'âcre senteur des parfums frelatés, aspirent aux enchérisseurs, et dans ces atmosphères écœurantes, je soutiens, non pas en cœur sensible, non pas en pudibond ridiculement attendri, mais en homme qui a le respect de l'enfance désarmée et incapable de se défendre, je soutiens que la présence des petits et des petites est une insupportable infamie.

Dans ce milieu où tout le monde s'embrasse, où tout le monde se tutoie, où les mains ont la liberté de tout palper, les yeux celle de tout voir, la langue celle de tout dire, vous prétendez qu'on peut faire œuvre de surveillance utile sur des petits êtres que le désir seul de voir et d'entendre tient éveillés : Allons donc !

Et, pour justifier cela, on invoque une raison de salaire. Il me souvient que dans un établissement fermé, depuis longtemps déjà, il y avait un petit apprenti coiffeur de treize ans, attaché à la toilette des danseuses. Au bout de trois mois, on fut obligé de le remplacer par quelqu'un de plus âgé ; il était absolument épuisé par ces dames ; et non pas, croyez-le, à des besognes capillaires. Il travaillait cependant pour un salaire, cet enfant, pour mieux faire bouillir la marmite de la famille !

Mais la surveillance est impossible à exercer, dans ces endroits-là, et le vice, qui s'y vautre, alimenté dans la plus insouciante liberté, est trop riche en artifices de toutes sortes, pour qu'on puisse songer à le combattre, à le réduire.

On a donc raison de demander que l'admission dans les troupes dramatiques ne soit accordée qu'aux enfants ayant seize ans révolus. L'éducation qu'ils ont reçue, à cet âge les met à même de résister et de se défendre. S'ils se laissent tenter, ils ne sont plus irresponsables ; ils ont eu, en effet, tout le temps de conquérir les qualités qui font l'homme libre, et qui, dit le docteur Piéchaux, « ne mûrissent, de même que la raison, qui en est la base et le complément, qu'avec une extrême lenteur, et sont sujettes à des oscillations nombreuses, avant de se fixer définitivement. »

On mettra de la sorte un terme à d'inhumaines spéculations, contre lesquelles tous les honnêtes gens doivent s'élever. Tant pis si cela nous prive de machinistes par vocation.

VIII

EXHIBITIONS MALSAINES

Depuis quelques années, d'autre part, certains impresarios ont pris l'habitude de venir exhiber chez nous des groupes de gens cueillis sur les coins les plus baroques de la terre, habitants des côtes de l'Afrique ou de l'Amérique, sauvages des îles océaniennes, êtres ratatinés sous l'atmosphère glacée des pôles, toute une variété enfin d'individus qui représentent la dernière escouade de la barbarie, en révolte contre

21.

l'armée du progrès, armée qu'on dit toujours grandissante.

Eh bien ! dussé-je paraître un retarda-
taire, je n'approuve pas cette invention,
non à cause d'elle-même, mais à cause des
résultats obtenus.

Que se proposent, en effet, les directeurs de Jardins d'acclimatation, qui trai-
tent avec les impresarios nommés plus
haut ? Tous n'ont d'autre objet que l'intérêt
de la science. Ils y vont très sincèrement
de leur petite déclaration, parlent d'une
mission à remplir, et font appel au public,
qui pourra enfin trouver chez eux l'instruction jointe à l'agréable, l'hygiène d'une promenade dans un parc bien aménagé. C'est,
en un mot, le *Utile dulci*, d'Horace. Eh
bien ! en cela ils commettent une grave erreur, car ils ne feront réellement connaître
à personne les peuplades dont ils exposent

les échantillons. On ne peut se faire l'idée d'une civilisation que là où cette civilisation est en exercice.

Les Lapons sans leurs attelages de rennes, au milieu de steppes désolés, ne sont plus les Lapons. Les Apaches Peaux-Rouges sans leur jour gris et lourd, sans leurs défilés granitiques qui semblent de vastes tombes circulaires, ne sont plus les Apaches Peaux-Rouges. Les Achantis sans la végétation luxuriante de l'Afrique, sans la torride chaleur des tropiques, ne sont plus les Achantis. Nous n'avons même pas les hommes dans leur costume national : les uns ont trop froid chez nous, on les couvre ; d'autres, trop chaud, on les découvre ; d'autres sont par trop primitifs dans l'absence de tout vêtement, on les affuble de culottes et de vestes. Ce ne sont donc pas de vrais types qu'on nous soumet, et l'idée qu'on se fait de la tribu à laquelle ils appartiennent ne peut être qu'une idée imparfaite.

Seul, l'impresario ne se trompe pas ; son idée, pour ne pas monter jusqu'à l'anthropologie, n'en est pas moins humaine. Il ne vise pas l'intérêt de la science : il s'adresse seulement à la matière sensuelle ; et c'est là tout le secret des belles recettes qu'il encaisse : Hommes et femmes, en effet, s'intéressent à ces exhibitions, se passionnent même, on peut le dire. Mais qu'on me comprenne bien : ce que j'écris là, ce n'est ni le procès de l'impresario qui profite des appétences de ses contemporains, ni celui du directeur qui veut descendre la science à la portée du vulgaire, au lieu de chercher à élever le vulgaire jusqu'à elle : c'est le procès du public qui va chercher devant des campements bizarres, sous l'hypocrite prétexte d'une promenade instructive, un piment inespéré de jouissances bestiales. Considérons, en effet, ce qu'on nous montre depuis quelques années.

Les groupes ont entre eux des différences peu sensibles, qui se mesurent à la plus ou moins grande quantité de suif dont hommes et femmes graissent leurs cheveux, à une épingle d'or ou de métal, à un tatouage sur le nez, à quelques ornements plus ou moins ridicules.

Les exercices sont les mêmes : aux accents d'une musique aussi désagréable que rudimentaire, on les fait danser, courir, glousser, crier ; mouvements de bras et de jambes, contorsions du torse, tout cela dans une mise en scène quelconque. Et tout autour, il y a quinze mille spectateurs qui, eux aussi, gloussent, crient, remuent les bras et les jambes, et contorsionnent leur torse de plaisir à ce spectacle.

Les sauvages exhibés en profitent : ils passent une sébile ; on leur lance des sous. Ils mendient. Ainsi, ces gens qui vivent en communion directe avec la nature, qui n'ont d'autres besoins que ceux des bêtes dans les bois : manger le fruit mûr qui tombe, chasser le gibier que le soleil se chargera de cuire, boire l'eau des sources, aspirer goulûment la sève de certaines plantes, dormir et s'accoupler à la face de Dieu ; ainsi ces gens-là connaissent la mendicité, cette invention des peuples civilisés, cette raison d'être, raison inverse bien entendu, des grosses maisons de banque et des gros capitaux. Décidément, ce ne sont plus des sauvages ! Des cabotins, peut-être ? Mais oui ! des cabotins, de vulgaires cabotins, qui chez tous les hôtes devant qui on les promène recommencent leurs simagrées et leurs singeries, avec une régularité et un

ensemble qui doit faire rêver monsieur le
chef des chœurs de l'Opéra ; ces cabotins
qui sont à vendre et qui se vendent, et qui
ne prennent de la civilisation que ce qu'elle
a de mauvais.

Voyez ces gens : bien qu'on les revête,
ils ont pourtant des toilettes plus décolle-
tées que les nôtres. Eh bien ! leurs torses
et leurs jambes nus ont le don d'enflammer
une masse de cœurs. Ces hommes grands, à
la peau huileuse, mais aux bras solidement
musclés, aux larges mains caleuses et dures,
comme une main d'orang-outang, ces
hommes font pâmer nos plus élégantes
mondaines : elles rêvent d'étreintes passionnelles, où leur chair blanche et ané-
mique s'imprégnerait de l'odeur de ces
rudes mâles. Et comme contre-partie, certains élégants, musqués et pschutteux,
adressent de brûlantes épîtres à ces gue-

nons à faces épatées ; ils trouvent des mots discrètement polissons pour dépeindre ces gorges dilatées, et des épithètes superbement pompeuses pour chanter la pléthore du ventre et l'effondrement des hanches.

On m'a conté que les Cynghalais particulièrement avaient eu de prodigieux succès d'alcôve. Avec une vive intelligence du vice, ils remarquaient les gens qui donnaient le plus, sollicitaient par la lubricité de leurs attitudes une sorte de muette enchère, et le soir, alors que tout dormait, et que l'impresario était heureux de donner à ses pensionnaires un repos qu'ils avaient si bien gagné, le soir, Cynghalais et Cynghalaises sortaient en silence de leur campement et allaient retrouver dans le bois les amoureuses et les amoureux qui languissaient d'attente et de désir. Unions touchantes ! Adorables tendresses !

L'air était pur, le ciel étoilé ; sur le gazon du bois, humide de rosée, la lune épandait sa lumière blonde ; sur le lac, à peine frissonnant sous la brise attiédie du soir, le cygne au blanc plumage immaculé dormait, la tête sous l'aile. Alors la voix de la passion chantait dans cette nuit d'amour. La belle n'importe qui, Carmencita ou Thérésine, avec un abandon de vierge folle se suspendait au cou du généreux Cynghalais ; tandis que de l'autre côté du buisson, le clubmen, assoiffé de sensations nouvelles, cherchait à se retrouver dans l'amas de chairs que les affiches appelaient une Cynghalaise. Et lorsque l'aurore aux doigts de rose commençait à poindre, les couples se séparaient après un dernier baiser, et les exhibés, en rentrant sous la tente, pressaient dans leurs mains avides les pièces d'or qui payaient leur débauche.

Eh bien ! j'en conclus que ces expositions de chair humaine réussissent toujours, parce qu'elles éveillent dans le public une curiosité malsaine, curiosité qu'il est peu coûteux de satisfaire. Les seules gens qui se soient instruites à ces représentations, ce sont les exhibés qui nous voient chez nous, et peuvent nous juger sans crainte de se tromper. Il faut donc bannir, avec ces sortes d'attractions, toute prétention à l'accomplissement d'une vulgarisation scientifique.

Que le Jardin zoologique d'Acclimatation reste donc ce qu'il est, chez nous. Que les Anglais fassent du leur ce qui leur plaît. Nous savons, du reste, et les révélations de la *Pall Mall Gazette* nous ont édifié sur ce point, que les pudiques fils d'Albion accordent à la satisfaction de leurs sens tous les sacrifices.

Mais nous, qui respectons les enfants, ne leur mettons pas sous les yeux des spectacles capables de solliciter de gênantes questions et de porter le trouble dans leurs jeunes cerveaux. Il faut se défier de trop leur montrer, alors qu'il est défendu de tout leur dire.

Restons-en donc à l'acclimatation purement animale, et laissons l'acclimatation humaine à qui voudra se payer cette inutile, sinon immorale besogne.

IX

L'ÉDUCATION PHYSIQUE

Dans un chapitre précédent, au sujet des *croisés* du surmenage intellectuel qui ont mené et mènent encore si fort leur croisade, je me suis élevé contre cette exagération de sentiment, tout en indiquant cependant qu'il y avait des réformes à faire ; j'ai montré qu'il y avait des classes trop longues et des programmes trop chargés.

Comme contrepartie une nouvelle campagne a été inaugurée, celle de l'enseignement

22.

physique. Depuis que des amateurs se sont mis à édifier des cirques où l'on ne fait pas que de la callisténie et de l'athlétisme, des gens ont rêvé de régénérer l'espèce humaine en accordant un temps prolongé à certains exercices du corps.

On a rappelé les vieux souvenirs classiques de Sparte, d'Athènes et de Rome, et, sous leur vénérable poussière, on s'est mis à adorer une masse de jeux d'importation anglaise ou américaine; et voilà que, pour faire croire à un certain public de gobeurs qu'ils sont dans le mouvement, des chefs d'établissements, à grand renfort de réclames, font accueil à ces innovations dont on ne prévoit les résultats avec aucune certitude, et se mettent à bouleverser leur emploi du temps.

Il y a six ans, on supprimait absolument, sur l'avis du conseil supérieur, la classe du jeudi matin. Il y avait des raisons sérieuses pour laisser aux élèves deux jours de repos par semaine. Aujourd'hui (il faut croire que ces raisons sérieuses étaient mauvaises), on rétablit la classe du jeudi, et on supprime celle du mardi soir, pour en consacrer les heures aux exercices physiques. Cela pourra ne pas durer longtemps, car il y a dix séries de classes par semaine, et les amateurs de changements pourront s'exercer à occuper à tour de rôle, le temps de chacune par les sports en vogue : *law-tennis, hockey, foot-ball, crocket, cricket, paper, chase*, etc.

Je laisserai volontiers les administrateurs de lycées se livrer à ces innocentes variations, qui ont surtout comme conséquence de déranger et de gêner le personnel, sans profit pour les élèves, et je ne me mettrai pas en contradiction avec les mœurs nouvelles, que M. le docteur Riant, dont la compétence est bien connue comme hygiéniste, applaudit des deux mains dans son excellent ouvrage le *Surmenage intellectuel et les exercices physiques*. Je me contenterai seulement de lui dire que les méthodes qu'il propose, ne seraient pratiques qu'à la condition d'opérer une véritable révolution dans le système de l'éducation française. Or, on sait à quel point l'Université, pour ne parler que d'elle, tient à ses traditions ; on sait qu'elle ne permet que des changements qui ne constituent pas des modifications fondamentales.

Mais il y a des choses plus graves dans le mouvement qui est en train de se faire. Déjà l'on avait, dans les lycées, supprimé le régime des arrêts, comme moyen de répression ; on l'avait remplacé par une chose très agréable pour les dissipés, la permanence, une salle d'étude, dirigée par un suppléant paterne, et où se retrouvaient, de compagnie, toutes les mauvaises têtes et toutes les natures difficiles.

J'avoue que si cette réforme pouvait être un mal en elle-même, elle était souhaitée, même par les hommes de l'enseignement, qui, au frottement de toute cette jeunesse, apprennent à connaître combien il faut éviter les froissements d'amour-propre et les mesures qui semblent aux intéressés un abus de la force. L'enfance est essentiellement susceptible ; elle ne comprend pas toujours la portée de l'acte qu'elle accomplit ; elle ne comprend pas que telle désobéissance qui ne serait qu'une vétille si l'élève était seul avec le maître, devient à cause de l'exemple une faute grave de discipline qui appelle la répression. C'est au

maître d'ailleurs de voir, si parfois, à cause
de la nature tourmentée de certains enfants,
l'indulgence ne s'impose pas. L'indulgence, dans ce cas, n'est pas de la faiblesse,
c'est de l'humanité.

Or, il ne fait de doute pour personne que
la cellule des arrêts avait une étroite pa-
renté avec la geôle, et que les lycées où il
en était fait un abus, n'étaient plus des établissements d'instruction secondaire, mais
bien de véritables pénitenciers.

Mais voilà qu'aujourd'hui on pousse
l'humanité à l'exagération ; les bambins de
sept ans sont considérés comme des
hommes ; le droit de punir devient une
justice sommaire indigne d'un peuple libre :
la discipline, au lieu d'être logique et rai-
sonnée, se fait sentimentale ; et comme
néanmoins, on reconnaît l'impérieuse
nécessité d'une sanction, qu'on ose à

peine nommer sanction pénale, on ne propose plus que des ombres de punition avant
d'arriver à un régime idéal, mais aussi à
une utopie, qui serait de supprimer même
les ombres de punition.

Ainsi on remplace les grandes retenues
par des quarts d'heure de piquet, et les
consignes par des retenues les jours où les
élèves n'ont pas le droit de sortir : on sté-
rilise ainsi l'action efficace de l'autorité
indispensable au fonctionnaire, maître ou
professeur, et on le livre désarmé, impuis-
sant, à la bonne volonté, ou à l'humeur
maligne de ses élèves.

Il y a bien des gens à paradoxes... innocents, qui prétendent qu'on peut s'adresser
à la raison de l'élève, à l'ingénuité d'un
cœur qui n'est pas encore vicié ; que la
puissance du regard doit être d'un certain
empire sur toutes ces jeunes volontés ; que

la dignité même de l'homme dans l'accomplissement de son devoir, devoir d'équité, devoir de paternelle abnégation, s'impose nécessairement au respect de l'enfant, et qu'il n'y a indiscipline que là où la dignité fait défaut, où l'équité est boiteuse; qu'en un mot les élèves sont ce que les maîtres les font.

Ceux qui ont eu l'honneur, souvent pénible, d'appartenir au « pionicat » savent ce qu'il faut penser de ces théories imbéciles. Ils savent que les pions, de qui l'on exige tant, et pour qui la vie a des débuts si rudes, encore qu'ils soient aggravés de labeurs poursuivis dans de déplorables conditions, ils savent que les pions, entre les élèves qui les attaquent et les administrateurs qui n'ont pas le courage de les défendre, ont pour arme unique la punition, eux, dont la dignité est sans cesse mise à l'épreuve, eux, les vraies victimes, que les gens qui devraient s'employer surtout à les soutenir, se plaisent parfois à diminuer lâchement aux yeux mêmes de leurs subordonnés.

Ce que je dis là ne s'applique pas à tous les membres du pionicat; je sais qu'il y a des fonctionnaires qui comprennent mal l'importance de leur devoir; je sais aussi qu'il y a des administrateurs — j'en ai connus, — proviseurs de lycées ou directeurs de collèges, qui se plaisent à faciliter la tâche de ces modestes collaborateurs. Mais des deux côtés, ce sont là des exceptions.

Or, ce n'est pas seulement à l'égard des sergents de l'Université qu'il y a danger à supprimer ainsi toute sanction appréciable de la discipline; c'est l'Université elle-même qui en souffrira. Jamais on ne fera admettre par les gens compétents que les élèves, qui sont des enfants, doivent être traités comme des hommes, et ce qui est plus, comme des hommes en qui l'on a la prétention d'élever une élite.

Il y a vingt ans, on disait d'un maître qu'il était *coulé* : maintenant, on dit couramment la même chose d'un établissement. Bientôt, avec les adoucissements imprudents des règlements, on le dira de toute l'Université, et il est aisé de deviner qui profitera de ce triste état de choses.

Je me demande même si les élèves ainsi formés ne s'en ressentiront pas, à l'heure où ils seront devenus des hommes.

Voilà des jeunes gens qui arriveront au régiment, assouplis de corps, rompus à la marche, habitués à porter le sac, etc., — car je suppose que l'engouement pour les jeux physiques décidera les chefs de maison à tenir sévèrement la main au meilleur accomplissement des classes de gymnastique et des exercices militaires — voilà, dis-je, des jeunes gens qui arriveront au régiment convaincus qu'ils n'ont plus rien à apprendre, et disposés à raisonner et critiquer sans doute tous les commandements qui leur seront faits. La discipline en souffrira d'autant ; chacun se trouvera gêné d'être dans le rang, d'être un chiffre anonyme dans cette addition de forces, et l'esprit d'obéissance absolue, qui doit régner dans l'armée, s'envolera.

Je sais qu'il y a des gens pour s'écrier : « Laissez-les donc tranquilles, ces enfants ! ils ont bien le temps d'être soumis ! » Comment ! il faudrait habituer le corps à la fatigue, et il serait inutile d'habituer l'esprit à la discipline ? Il serait indispensable de savoir marcher, et l'on pourrait se passer de savoir obéir ? Il faudrait dans certains cas traiter les enfants comme des hommes, pour voir dans d'autres cas les hommes se conduire comme des enfants? Allons donc! Agir ainsi serait confondre la liberté avec la licence.

Non! Donnez tant que vous le voudrez, tant que vous le pourrez, donnez du temps aux exercices physiques, mais maintenez, sans fléchir, les moyens de répression qui vous assurent le respect de la discipline. Faites de vos élèves des enfants qui sachent obéir ; et plus tard ceux-là seront des hommes dignes de commander. Il n'y a que les peuples indisciplinés qui s'écroulent, et c'est l'avenir national tout entier qui est en jeu, dans cette partie engagée entre ceux qui veulent le maintien des saines traditions de l'école, et les hommes, soi-disant de progrès, qui découvrent l'électeur dans le potache, et sous un vain prétexte de liberté, prônent une émancipation aussi dangereuse que prématurée. Il faut aux élèves une direction, une tutelle intelligente et ferme : le système du laisser-faire marque une décadence, et le parti pris de trouver une excuse à tout, équivaut à un aveu d'impuissance.

X

TOLSTOÏ ET L'ÉCOLE DE YASNAÏA POLIANA

Tout ce qui vient de Léon Tolstoï ne saurait manquer de nous intéresser ; ses romans ont obtenu en France d'éclatants succès auprès du public lettré. L'adaptation d'une œuvre de lui sur notre théâtre a soulevé des discussions d'un haut intérêt.

Dans son curieux livre sur *le Roman russe*, M. de Vogüé s'exprime ainsi à l'endroit du comte Léon Nikolaiéwitch :

« Je n'hésite pas à dire toute ma pensée, à dire que cet écrivain, quand il veut bien n'être que romancier, est un maître des plus grands, de ceux qui porteront témoignage pour le siècle.

» Est-ce qu'on dit ces énormités d'un contemporain, qui n'est même pas mort, qu'on peut voir tous les jours avec sa redingote, sa barbe ; qui dîne, lit le journal, reçoit l'argent de son libraire, et le place en rentes ; qui fait, en un mot, toutes les choses bêtes de la vie ? Comment parler de grandeur avant que la dernière pincée de cendre soit pourrie, avant que le nom se soit transfiguré dans le regret accumulé des générations ? Tant pis, je le vois si grand, qu'il m'apparaît comme un mort ; je souscris volontiers à cette exclamation de Flaubert parcourant la traduction que Tourguénef venait de lui remettre, et criant de sa voix tonnante, avec des trépignements :

« — Mais c'est du Shakespeare, cela, c'est du Shakespeare ! »

Tout en rendant hommage à la sincérité et la justesse du jugement de M. de Vogüé, je pousse plus loin l'admiration pour Toistoï ; je ne veux soustraire à ce tribut aucune de ses œuvres, et je demeure étonné de la puissance de cet homme, aussi bien comme pédagogue que comme romancier.

L'École de Yasnaïa Poliana, étude traduite pour la première fois en français par MM. Tseytline et Jaubert, nous le montre sous un jour particulièrement favorable, et les idées qu'il y développe méritent un examen sérieux.

Le comte Tolstoï, on le sait, a établi au village de Yasnaïa Poliana, sur ses terres, près de Toula, une école libre et gratuite, où il enseigne, à l'aide de méthodes à lui.

Certes, nous ne pouvons souscrire, avec l'état de choses actuel, à ces transformations qui amèneraient dans le domaine de l'instruction publique des bouleversements bien périlleux, mais on est obligé de reconnaître que la pensée du fondateur est éminemment élevée, et repose sur des principes que chez nous on foule trop facilement aux pieds.

Tolstoï ne s'occupe pas spécialement des adultes; il nous assure même, avec une entière bonne foi, que son système ne leur convient que médiocrement.

« Pour les adultes, dit-il, le régime de l'école est des plus incommodes. Leur âge, leur amour-propre, les empêchent de participer à l'animation de l'école, de se mêler aux enfants, et ils demeurent absolument isolés. Le mouvement de l'école ne fait que les gêner... »

Et, plus loin, à propos d'un adulte, que

les camarades plus jeunes accueillirent par des railleries :

«... Il sent que chaque jour passé à l'école est un jour perdu pour le travail, qui forme son unique capital, et c'est pourquoi, pendant le temps qu'il passe à l'école, il se trouve dans un état d'irritation, de zèle, fiévreux et hâtif, qui nuit le plus souvent à l'étude...

» L'adulte se comporte à l'école exactement comme à un incendie : à peine a-t-il fini d'écrire que, posant la plume d'une main, il attrape de l'autre le livre, et se met à lire debout. Lui retire-t-on le livre, il saisit l'ardoise ; quand on la lui prend, il se voit perdu... »

Mais pour les enfants, c'est autre chose. Il a, au premier chef, le respect de la nature, de la liberté, des exigences physiques de l'enfant. Il ne veut en rien contrarier son

caractère, donner des limites à sa personnalité, gêner par une entrave, si légère
soit-elle, cette volonté peut-être indécise,
peut-être irréfléchie, mais réelle cependant; il ne veut en aucune sorte exercer
une pression sur ces consciences encore
à l'état de développement rudimentaire,
parce qu'il a peur, en leur imposant une
règle, de les former à une routine et de les
fausser.

Aussi réprouve-t-il énergiquement l'internat. L'enfant vit en famille, non par raison
de sentiment, mais parce que l'instinct
naturel lui dit qu'il faut y vivre.

La cloche l'appelle le matin à l'école : il
y va, non que rien l'y force, mais parce que
dans l'état de liberté où il est, il sent la
nécessité d'y aller, nécessité qui s'affirme
tous les jours. Il est vrai qu'il n'a ni l'inquiétude d'une leçon mal sue, ni celle d'un

devoir mal soigné. Les cours faits en classe, cela doit suffire.

D'autre part, le cours est professé n'importe où, dans un jardin, dans une salle bien décorée, sur un perron. Pas de place assignée à chacun, pas de ces longues immobilités qui fatiguent le corps et engourdissent le cerveau ; pas de ces contraintes d'attention qui forcent l'enfant de mentir et de cacher sous un masque de sériosité hypocrite, son irrésistible besoin de gaieté. On se place comme l'on peut, assis ou debout, autour du maître, et la discipline n'a nullement à souffrir de cette camaraderie très fraternelle. L'autorité toute morale de celui qui instruit, s'impose infailliblement à toutes ces jeunes intelligences, dont il dirige l'éclosion.

« Plus les enfants avancent dans l'étude, plus l'enseignement s'étend, et plus la

24

nécessité de l'ordre s'impose. Par suite, dans une école qui se développe normalement et sans violence, plus les élèves sont instruits, plus ils deviennent capables d'ordre, plus ils en sentent d'eux-mêmes le besoin, et plus aisément à cet égard s'établit l'autorité du maître. »

Tolstoï va même plus loin, et ce qui semble le désordre aux habitués des anciennes méthodes n'est pour lui qu'une manière d'irritation que l'impatience de ces mêmes habitués empêche de se calmer. « L'emploi de la violence, s'écrie-t-il (et par violence il entend toute volonté étrangère à laquelle l'enfant, même sans en comprendre la raison, est forcé d'obéir), l'emploi de la violence n'est fondé que sur l'interprétation irréfléchie et irrespectueuse de la nature humaine.

» Il semble que le désordre gagne, croit

d'instant en instant, ne connait plus de limite; il semble que rien ne peut l'arrêter, sinon la contrainte, alors qu'il suffit d'attendre un peu pour voir ce désordre (ou ce feu) s'apaiser de lui-même et produire un ordre bien meilleur et plus stable que celui que nous lui substituerions.

» Les écoliers sont des hommes, des êtres soumis, tout petits qu'ils soient, aux mêmes nécessités que nous, des êtres pensants comme nous; tous ils veulent apprendre, et c'est pourquoi ils vont à l'école, et c'est pourquoi ils arrivent sans effort à cette conclusion que, pour apprendre, il leur faut se plier à de certaines conditions. »

C'est là une grande vérité, que méconnaissent chez nous, volontairement ou involontairement, ceux qui ont mission de gouverner les enfants.

Et qu'on ne songe pas, en lisant le livre

de Tolstoï, à une utopie de rêveur. Ce que
le philosophe a conçu, le « bon et généreux
barine » l'a appliqué dans son école de
Yasnaïa Poliana, et le succès l'a récom-
pensé, cas il a résolu ce grave problème
de s'imposer à l'enfance et de s'en faire
aimer; de s'en faire respecter sans en être
craint.

Dans l'université française, on a voulu
parfois augmenter le nombre d'heures de
classe, surtout à l'intention des enfants,
afin que les élèves fussent plus longtemps
en contact avec les maîtres, et que l'enseignement devînt plus profitable. Mais les
punitions disciplinaires étaient là, avec
leurs cruautés pédantes, pour empêcher
l'effet heureux de semblables mesures, et
les enfants trouvaient, non sans raison,
qu'on prolongeait leur supplice.

Dans l'école de Tolstoï, au contraire,

cette intimité s'est établie tout naturelle-
ment. Il faut lire la .promenade que nous
raconte, avec une si touchante simplicité,
l'illustre écrivain, pour comprendre toute
la portée, toute l'influence de sa méthode.
Dans la causerie qu'il a avec ses pupilles,
fils de paysans, pauvres et ignorants, au
choc imprévu des questions, à la netteté, à
l'esprit des explications fournies, quelle
admirable science il montre de la psychologie des enfants, et quelle étroite affection
il établit entre lui et les auditeurs !

C'est que l'enfant, dans l'école de Tolstoï, ne voit pas porter atteinte à sa dignité d'homme ; c'est que en vertu des
règlements qui lui répugnent, il n'est pas
obligé de subir des servitudes, qui frois-
sent sa conscience, et lui laissent au cœur
un souvenir amer, et d'inoubliables rancunes.

Est-ce à dire que Tolstoï se refuse à reconnaître chez l'enfant certains instincts
mauvais? Est-ce à dire qu'il se refuse à
punir toute faute, si grave soit-elle? Nullement. Mais à l'heure où il lui faut imposer
un châtiment, il sent un doute terrible
naître dans son âme, et il se demande si le
châtiment n'est pas toujours et fatalement
hors de proportion avec la faute.

Un jour qu'il doit sévir contre un élève
qui pour la seconde fois a volé un livre, il
affuble le malheureux d'un écriteau, mais
bientôt, il regrette cet acte de sévérité, et
voici comme il raconte ce qui se produisit
en lui :

« Je regardai la figure du puni. A la voir
encore plus pâle, plus souffrante, plus sau-
vage, je me rappelai, je ne sais pourquoi,
les forçats, et la conscience d'une violence
cria soudain si fort en moi que j'arrachai

l'étiquette en disant au coupable d'aller où il voudrait. Je sentis brusquement, non par l'esprit, mais par tout l'être, que je n'avais pas le droit de torturer cet enfant pauvre, que je ne pouvais faire de lui ce que je voulais en faire. Je sentis qu'il y a des secrets de l'âme qui nous sont fermés, et que la vie peut modifier, non les reproches, ni les punitions. Et quelle sottise ! L'enfant a volé un livre ; — par toute une voie longue, complexe, de sentiments, de pensées, de faux syllogismes, il a été amené à dérober un livre ; il ne sait pas pourquoi il l'a serré dans son coffre ; — et moi je lui colle un écriteau avec le mot : « voleur », qui signifie tout autre chose ! A quoi bon ? Le punir par la honte ? dira-t-on... Le punir par la honte ? A quoi bon ? Sait-on si la honte détruit la disposition au vol ? Peut-être la stimule-t-elle. Peut-être n'était-ce pas de la honte ce qu'exprimait son visage. Je le sais même sûrement que ce n'était pas de la honte, mais quelque autre chose, qui eût peut-être dormi dans son âme, et qu'il n'eût point fallu éveiller ! »

Je confie cette admirable page à la méditation de ceux qui ont la pratique des classes, et des classes d'enfants en particulier. La notion de justice n'est pas la même au fond de tous les cœurs, mais s'il est des êtres chez qui l'on ne doive jamais la contrarier, c'est bien chez les petits, dans la crainte d'en paralyser lourdement les manifestations.

Je me suis longuement attardé sur cette partie du livre de l'écrivain russe, parce qu'à mon sens elle constitue la base de toute la science pédagogique.

Ses méthodes d'enseignement proprement dit, pour la lecture, pour l'écriture, la géographie, l'histoire, le dessin, le chant, etc., n'ont à mon avis qu'une importance secondaire, étant donné le but que Tolstoï se propose avec les paysans qui tous seront rendus à la terre, et aux difficultés de leur misérable existence.

Je retiendrai cependant son emploi du temps où il se préoccupe de donner telle leçon à une heure de la journée plutôt qu'à une autre. Ainsi les sciences veulent la grande lumière, comme si le rayon de soleil devait aider à faire pénétrer l'abstraction mathématique dans l'obscurité des intelligences encore fermées. L'histoire, au contraire, il l'enseigne à la tombée de la nuit, comme si l'ombre pouvait favoriser la mystérieuse évocation des époques disparues.

Telle est, bien sommairement exposée, l'importance de cette école, que tout un pauvre village doit à la philanthropie de Tolstoï, et qui permet d'inscrire son nom à côté des noms les plus aimés, les plus respectés des éducateurs du siècle.

CHOSES SANGLANTES

ET

CRIMINALITÉ

I

LE DOCUMENT VRAI

Le document vrai est à l'ordre du jour : c'est l'obsession des romanciers de l'heure actuelle, des nouveaux venus surtout, qui veulent se distinguer de leurs aînés, et avec une simplicité d'apôtres, dans notre fin de siècle où tout est frelaté, ont la prétention de ramener la morale publique au droit chemin, loin duquel, il est vrai, cette morale systématiquement contrariée s'offre toutes les délices d'une interminable école buissonnière.

Et c'est principalement parmi les drames qui se jouent devant les cours de justice, que les affamés de vérité vont chercher les sujets de leurs in-18. Ils ne se donnent même plus la peine d'échafauder, sur l'œuvre de la réalité, une œuvre qui pourrait sembler issue de leur imagination. Ils prennent au contraire le fait divers tel qu'il se trouve rapporté sous la rubrique des tribunaux; ils ont garde d'oublier aucun détail. Plus ils se tiennent près du terre-à-terre, plus ils se figurent avoir accompli une besogne d'art.

Il leur a certainement fallu du talent et de la patience pour plier les habitudes du langage écrit aux nouvelles traditions qu'allait imposer cette littérature photographique, et certains ont poussé dans cette voie assez loin leurs recherches, pour mériter mieux que l'attention, la discussion.

D'ailleurs, la différence des deux manières qui auront fleuri dans notre siècle est fidèlement traduite par cette opinion, résumée en deux mots. Autrefois l'écrivain souhaitait d'entendre dire de son livre : « Comme c'est beau! » Aujourd'hui, le réaliste, naturaliste, impressionniste, vériste. — que sais-je? on se perd dans cette infinité de petites chapelles — aujourd'hui, l'écrivain n'est satisfait que lorsqu'on s'écrie, au dernier feuillet de l'histoire documentaire : « Comme c'est vrai! »

Or, voilà le point sur lequel ils se trompent. C'est là que je prétends les prendre en défaut; c'est là qu'ils sont victimes, non pas d'un entraînement, mais d'une illusion.

Nous ne sortons pas de notre espèce; il est bien entendu que nous nous en tenons aux romans inspirés par les épisodes des cours d'assises et autres chambres de justice.

Eh bien! je crois qu'il serait difficile à un romancier d'affirmer sur son âme et sa conscience, suivant la formule solennelle des braves jurés, qu'il a découvert le vrai absolu dans les verdicts prononcés chaque jour.

C'est qu'il y a dans la manière dont les jurés apprécient un crime des variantes bien faites pour éveiller le doute des gens sceptiques, et ces variantes ne sont en définitive que le résultat d'une évolution de sentiment survenue en l'âme affadie des jurés, et causée par les solutions bizarres données aux erreurs passionnelles, dans les romans qui se sont publiés depuis quinze ans.

Il faut bien le reconnaître, l'imagination, dans les livres, de crimes qui valaient une

sympathie unanime aux coupables, et ren-
daient pour ainsi dire désirable un scandale
identique dans la vie réelle; ce dernier
écho du romantisme et du chevaleresque,
qui s'était embourgeoisé dans le roman,
écho qui retentissait au cœur du lecteur
inconnu si violemment, que celui-ci,
comme affolé, de spectateur de la fiction
se hâtait de devenir l'acteur d'une sanglante aventure, tout cela, accepté, loué,
célébré, immortalisé même par une société
qui s'égare, tout cela devait amener les
jurés, ces magistrats éventuels, trop mêlés
au courant commun, trop nouveaux pour
prononcer avec leur raison et non leur
conscience, à perdre la notion exacte de
leur tâche, et à substituer à des justiciers
impassibles, des fantaisistes trop faciles
sur l'article de la sensibilité.

On pourrait avec des preuves à l'appui

affirmer que les innombrables acquitte-
ments, prononcés aux assises depuis les
dernières années, sont dus aux considéra-
tions que je viens d'énoncer : l'influence
du roman sur la psychologie d'une société
est indéniable, et sur la manière de voir des
jurés, elle s'est exercée avec une terrible
autorité.

Alors, une question toute naturelle, une
question de bon sens se pose. Qu'est-ce
donc que les romanciers d'aujourd'hui vont
prendre dans les prétoires des cours d'assises? Quelle est cette pseudo-vérité qu'ils
vont demander aux acteurs des drames judiciaires? Quel modèle vont-ils s'astreindre
à copier, quand ce modèle lui-même n'est
qu'une copie de l'imagination.

Ce sont les romanciers qui ont fait le
jury ce qu'il est ; qui l'ont amené à décider
comme eux dans les problèmes que le vice

humain — ou la passion, je vous le concède — leur donnait à résoudre. La publicité accordée aux criminels par le livre a été plus désastreuse encore que celle qui a trouvé place dans le journal. Dans le livre, il est bien rare que le coupable n'apparaisse pas comme un être intéressant, et les détraqués, ceux chez qui la science étudie les progrès des psychopathies, prennent tout cela, toutes ces ombres, tout cet irréel pour l'expression de la vie telle qu'une fatalité l'impose.

Que conclure de cet état de choses? C'est que le roman moderne se prétend vrai à tort : c'est que ce document qu'il va chercher sur le banc d'infamie, c'est lui-même qui l'y a importé : c'est que sous l'effort répété de talents très incontestés, la morale publique s'est déplacée; c'est en un mot que la vie que nous avons aujourd'hui est une vie factice, toute d'extérieur, ne demandant plus rien à la conscience, en attendant que la conscience elle-même soit faussée.

Ah! la conscience des jurés! Elle doit avoir la vue singulièrement affaiblie. Un jour elle acquitte un homme qui a tué l'amant de sa femme; le lendemain elle en condamne un qui l'a seulement blessé d'un coup de poinçon. Mais ces espèces-là, toutes récentes, ces documents qui ne datent que d'une semaine, il y a longtemps que les romanciers nous les ont exposés, et cela pourtant n'empêchera pas demain des écrivains nouveaux de les reprendre, ou mieux de les copier, sous prétexte que la vérité les y oblige.

Aussi, quand on est saturé de cette littérature morbide, on se sent fortement tenté d'ouvrir les contes de Perrault, ces vieilles légendes qui ont bercé notre enfance de leur douce philosophie, de leur naïve exaltation d'une vertu toujours naïve, et qui dans le chatoiement de leurs féeriques imaginations, éloignent de nos regards, pour une heure, le honteux spectacle des écœurements humains.

II

LE MÉPRIS DE LA VIE

Au moment où en dépit d'une conférence
diplomatique réunissant les délégations
des principales puissances européennes,
les plus arides problèmes de la sociologie
restent toujours posés; au moment où l'on
se préoccupe, en un grand mouvement
d'inquiétude, de faire la vie plus égale, plus
douce aux travailleurs, des échos venus de
partout, de Paris comme de la province et
de l'étranger, nous montrent avec une

multiplicité désolante les individus renon-
çant à une vie dont ils ne savent plus que
faire, et comprenant, dans leur renonce-
ment volontaire, les êtres mêmes dont
l'existence devrait leur être sacrée.

Je ne parle pas, bien entendu, des mauvais coups distribués par la génération de
jeunes assassins conçus à l'époque des
grandes secousses de 1870 et pendant les
quatre ou cinq années qui ont suivi. Il y a
là une dégénérescence cérébrale que l'on
comprendra mieux plus tard, parce qu'on
la jugera sur un ensemble de preuves irré-
cusables que nous n'apprécions pas, que
nous ne pouvons pas apprécier aujourd'hui
à leur juste valeur, et sur des documents
que la criminalité aura dictés jour par jour
pendant un long temps, à la mémoire fidèle
de la presse. Pour l'instant, cette dégénérescence ne peut être traitée que par une

inflexible rigueur de la part des jurés chargés de prononcer les verdicts, et de la part
des magistrats chargés de faire l'application
de la loi, et je crois que la loi, telle qu'elle
existe à l'heure qu'il est, est une arme suffi-
samment puissante pour donner à la société
la protection que cette société attend d'elle.

Ce dont je veux parler en cette place,
c'est de ces drames que l'opinion publique
appelle drames passionnels, et où l'on voit
des individus, atteints d'un amour aveugle
pour une femme, frapper cette femme,
mortellement dans la plupart des cas, et
tourner contre eux-mêmes, avec une indéniable volonté de se tuer, l'arme dont ils
viennent de se servir pour un premier
crime.

Si les drames de ce genre étaient isolés,
et ne se répétaient que de loin en loin, on
ne leur donnerait que l'attention due à un

incident exceptionnel, mais voilà que tous
les jours les mêmes faits se reproduisent ;
voilà que dans une seule journée, nous
l'avons vu à la fin de l'année dernière,
toute une série de ces histoires sanglantes
a jeté sa note douloureuse dans le brouhaha
habituel des choses ; voilà qu'à coups de
couteau ou de revolver, des liaisons se sont
rompues, des existences ont été brisées,
des jeunesses, à peine capables de connaître l'existence, se sont arrêtées en plein
épanouissement d'amour, avec un insur-
montable mépris de la vie.

Et qu'on ne dise pas que les acteurs
agissants de ces drames appartenaient au
vulgaire imbécile et ignorant ; qu'on ne
dise pas qu'ils étaient fermés à l'intelligence d'un devoir à accomplir, ne connais-
sant que l'insatiable fougue d'appétits gros-
siers, n'obéissant qu'à la brutalité d'un

organisme toujours en quête de satisfactions
égoïstes, incapables de ramener l'élan de
leur chair inapaisée à la docilité d'un sentiment généreux et réfléchi. Qu'on n'invoque pas en leur faveur — est-ce bien
faveur qu'il convient de dire — l'absence
de l'éducation ou l'influence d'exemples inconsciemment subis.

Non ! rien de tout cela. Ces acteurs
étaient des gens instruits, généralement
élevés dans des principes d'une moralité
toute familiale, accomplissant la tâche qui
leur était échue, non seulement avec une
raison saine, mais encore avec un zèle remarqué et digne d'éloge ; entourés de l'estime de tous ceux avec qui ils étaient en
rapport, ayant dans la tête, non pas « de la
cervelle », comme le disait avec cruauté
madame de Tencin à Fontenelle, mais un
cerveau susceptible d'une noble pensée,

susceptible peut-être, à l'occasion, d'un mouvement d'héroïsme d'autant plus intéressant qu'il eût été plus désintéressé.

Alors, pourquoi cette erreur fatale ? Pourquoi cette fin presque honteuse? Pourquoi cet abandon de toute mesure ? Pourquoi ce débordement de lâche passivité, au moment où l'impulsion mauvaise et terrible pesait de toute sa force sur la volonté? Pourquoi cette faiblesse à laquelle il a été cédé sans lutte, et s'il y a eu lutte, pourquoi cette défaite que ni les antécédents, ni le milieu, ni les hérédités, — ces mystérieux ferments qui sommeillent en nous, — n'expliquent ni ne justifient?

Si l'on écoutait ce qui se dit couramment sur ces tristes épilogues de tendresses ébauchées au plein soleil de la vingtième année, et si l'on prêtait quelque créance facile à ces commérages inventés par des intelligences myopes, tout se bornerait à des accès de jalousie.

Il y aurait eu des soupçons mensongers ou réels ; ces soupçons n'auraient fait que surexciter la passion, et la passion torturée dans son principe le plus étroit, le plus aigu, si je puis m'exprimer ainsi, la passion n'aurait pas tardé à déséquilibrer la tête où elle grondait en pleine ébullition. De cet état d'angoisse et de torture, à l'accomplissement d'un acte meurtrier, il n'y a qu'un pas, immédiatement et inconsciemment franchi.

La main, d'instinct, avait trouvé une arme, revolver ou couteau, placée à sa portée, et soit pendant le sommeil, soit pendant une scène de reproches, préliminaires vains et impuissants à arrêter la décision prise, soit même pendant une étreinte suprême, plus tendre et plus abandonnée que jamais, la main armée s'était abattue sur une poitrine vibrante et chaude, et sur le sol un corps était tombé, perdant par des plaies profondes de rouges filets de sang.

Alors — c'est toujours l'opinion commune qui parle — le meurtrier, épouvanté de son crime, épouvanté aussi du châtiment qui le menaçait, ce châtiment que les hommes prononceraient contre lui, le meurtrier s'était frappé à son tour et avait roulé inanimé près de la victime.

Voilà le drame, tel qu'on le raconte, tel qu'on l'interprète.

A l'heure actuelle, avec l'uniformité de procédé que l'on constate, je ne crois pas qu'il en soit ainsi.

Nous avons eu de tout temps le spectacle des jalousies qui ne pardonnent pas, mais ces jalousies, dans leurs accès les plus violents, se contentaient d'une victime et n'en réclamaient pas deux.

Il faut donc chercher autre part le motif de ces sombres tragédies ; il faut expliquer par une crise que traverse notre société ce mépris de la vie, cette facilité à s'abîmer dans l'inconnu, dans le néant, cette fièvre qui ne fait pas reculer ceux qu'elle saisit devant la lâcheté inaperçue du crime, devant l'âcre laideur d'une agonie sanglante, devant le droit à la vie qui appartient à la victime, comme le devoir de vivre, en saine et humaine morale, s'impose au meurtrier.

Il y a, dans ces faits, une inconscience relative, et cette inconscience vient d'un abus de la sensibilité. Les écoles modernes voudraient prétendre que le matérialisme qui nous a envahis nous a éclairés sur l'inanité du sentiment et a ruiné les derniers vestiges des spéculations imagina-

tives et du romantisme démodé. On a dit
que nous devions être des gens nécessairement pratiques, dédaigneux désormais des
duperies du rêve, des exagérations de la
pensée, de tout ce qui n'est pas le réel, et
démontré tel par le libre exercice de la raison pure.

Mais l'humanité ne se refait pas, et notre
sensibilité, sollicitée de s'effacer devant la
seule raison, a renchéri sur cette même raison; elle a prêté des qualités réelles aux
principes auxquels on voulait la faire renoncer; elle a demandé à la logique la plus
implacable les éléments d'une analyse qui,
en lui permettant de se mieux connaître, lui
a permis peut-être de se mieux tromper :
et la passion, dans l'évolution de laquelle la
sensibilité commande en dominatrice, la
passion, pour devenir plus réfléchie, est devenue plus décidée.

Ces hommes qui, avec une volonté si
cruelle, ont frappé les femmes qu'ils ai-
maient, ces hommes savaient qu'ils se frap-
peraient après. Le premier crime qu'ils ont
commis pouvait ne pas être prémédité : je
n'en sais rien, et nul ne pourrait l'affirmer
qu'eux-mêmes ; mais leur propre suicide,
j'en suis convaincu, n'a pas été spontané,
n'a pas été le résultat d'une surprise de leur
nervosité ou de leur conscience ; leur suicide a été la conséquence logique et nécessaire de cette analyse à laquelle s'était soumise la mesure excessive de leur sensibilité.

J'ai relu Vauvenargues, à propos d'une
fort belle étude récemment publiée par
M. Maurice Paléologue sur ce philosophe
moraliste, et j'y ai relevé le petit portrait
suivant, qui n'est pas sans rapport avec
l'état actuel de certains individus et où

l'on trouve réunis, comme le dit justement M. Maurice Paléologue, « les principaux traits de l'état d'âme romantique, exagération de la sensibilité, besoin incessant d'émotions fortes et nouvelles, abus de l'analyse personnelle, habitude du dédoublement intime. »

Voici ce portrait :

« Hégésippe passe avec rapidité d'un sentiment violent dans son contraire, et ses passions s'épuisent par leur propre vivacité. Il est sujet à se repentir sans mesure de ce qu'il a désiré et exécuté sans modération ; prompt à s'enflammer, il ne peut subsister dans l'indifférence ; quand les choses lui manquent, son imagination ardente l'occupe en secret des objets que son cœur demande, et toutes ses visées sont extrêmes comme ses sentiments ; il estime peu ce qu'il ne désire ou n'admire point, et

il regarde sans intérêt ce qu'il ne regarde
pas avec passion. Il passe avec rapidité
d'une idée à une autre, et il épuise en un
instant le sentiment qui le domine ; mais
personne n'entre avec plus de vérité dans
le personnage que ses passions lui font
jouer, et il est presque sincère dans ses artifices, parce qu'il sent, malgré lui, tout ce
qu'il veut feindre. ».

Ne dirait-on pas cette page écrite d'hier ?
Une imagination ardente, des visées extrêmes comme des sentiments, la promp-
titude à s'enflammer, l'impossibilité de
subsister dans l'indifférence ; le sentiment
dominateur épuisé en un instant, etc., etc. ;
tout cela, nous le rencontrons chez tous les
héros malheureux des drames dont il s'agit
ici. Excès de sensibilité, vous dis-je ; mise
en œuvre d'un romantisme non pas démodé, non pas agonisant, mais renaissant

et renaissant modifié, transformé, et, avouons-le, aggravé.

Il me reste encore un point à traiter : je le veux faire avec brièveté.

Parmi les assassins passionnels qui demandent au suicide la fin de leur misère morale, il en est qu'un hasard maladroit empêche de se frapper mortellement et qui vont, dans une chambrée d'hôpital, chercher une guérison qui leur sera éternellement lourde, avant de paraître devant la cour d'assises.

Or, comment les jurés les examineront-ils, ces malades des amours sanglantes? Comment interpréteront-ils le meurtre? A quel critérium iront-ils demander l'égale et juste mesure de leur indulgence ou de leurs sévérités? Seront-ils des justiciers attachés seulement à la matérialité des faits? Seront-ils des logiciens implacables?

Seront-ils, eux aussi, des romantiques?

Vauvenargues, que je citerai encore, a dit : « Toutes nos démonstrations ne tendent qu'à nous faire connaître les choses avec la même évidence que nous les connaissons par sentiment. Connaître par sentiment est donc le plus haut degré de connaissance. »

Il est vrai que parmi les jurés, il en est qui n'ont ni justice, ni logique, ni romantisme, ni sentiment, mais qui, honnêtes bourgeois et bons vivants, à la façon impassible et indifférente des ruminants, ne comprendront rien à ces toqués qui ont le mépris de la vie, et moins par humanité que par malice, les enverront se faire pendre ailleurs.

III

FILS DE FEMME VEUVE ET PARRICIDE

> 24 mars. — Un nommé Tricot,
> épouvanté à l'idée de partir sous
> les drapeaux, s'est concerté avec
> sa mère pour s'arranger de façon
> à devenir *fils de femme veuve*.
> Mardi soir, les deux misérables
> ont assassiné le père Tricot. Ils
> ont été arrêtés.
>
> (*Dépêche de Saint-Brieuc.*)

Voilà le fait dans toute sa brutalité, tel
qu'il nous fut signalé par le laconisme d'un
télégramme envoyé de Saint-Brieuc. En
présence de ce crime, la raison épouvantée
voit se poser une série de questions et de

problèmes capables d'exciter la curiosité des psychologues.

Au premier abord on est tenté de repousser toutes recherches tendant à s'expliquer un parricide commis en de pareilles circonstances. Le motif est précis, en effet; la cause déterminante ne semble recéler aucune irresponsabilité possible et la lâcheté seule a pu armer la main criminelle pour l'exécution de l'abominable forfait.

Tout le drame se reconstitue d'ailleurs sans difficulté, et le ministère public qui demanda, au nom de la société, le châtiment des coupables, dut emprunter au répertoire de l'Ambigu certaines scènes de banalités sanglantes — mais très populaires — pour animer son réquisitoire.

La mère, qui n'a qu'un enfant vivant, a porté sur lui toute son affection, affection jalouse, qui absorbe tout son cœur à elle et tout le cœur de son fils ; ce fils est l'orgueil de sa maternité ; elle l'a confisqué à son seul amour. Elle est avec lui l'un des côtés du foyer ; le père, isolé, est l'autre côté. L'enfant, élevé dans cette étroite tutelle, s'est développé étroitement, abdiquant toute volonté entre les mains de cette mère, plus crainte que chérie, qui *veut* pour lui ; c'est un timide et un hermétique, sans élan et sans jeunesse ; un timoré, qui ne voit de la vie que les petites choses, et dont l'assujettissement absolu à cette mère, sans cesse inquiète de son autorité sur lui, a paralysé tout sentiment généreux. Il ne songe qu'à lui, mais c'est par obéissance, car il est tout impersonnalité. Inintelligent probablement, paresseux sans doute, atrophié dans cette sollicitude étouffante, c'est un enfant vicieux, avant d'être un homme criminel.

Mais l'enfance est déjà loin; l'adoles-
cence est apparue, et voici venir l'âge où
chacun doit payer sa dette à la patrie. Alors
les liens qui attachent le fils et la mère
semblent se resserrer encore davantage. Le
fils n'a pas un instant l'idée d'un devoir à
remplir. Sa lâcheté ne lui présente même
pas les dangers augustes que la jeune armée peut courir; il ne songe aucunement
aux batailles sanglantes, aux morts héroïques, aux lointaines tortures sur le sol des
colonies révoltées; non! Ce qu'il sait, ce
qu'il entrevoit, ce qu'il redoute, ce sont les
mesquines taquineries de la caserne, ce
sont les fatigues quotidiennes des exercices,
ce sont les sévérités d'un sergent ou d'un
caporal; c'est la salle de police; c'est la
camaraderie — disons même la promiscuité
— de la chambrée; ce dont il tremble, c'est
de sa timidité qui fera de lui la tête de Turc

de son escouade; ce qu'il ne peut accepter, ce sont les niches, pour dire le mot trivial, ces niches qu'on nous a faites à nous tous et que, *bleus* d'hier, nous répétions aux *bleus* du lendemain; ce sont toutes ces légendes en un mot que l'on apprend, en revêtant le pantalon rouge, et que les anciens racontent, par fanfaronnade, aux *pays* assemblés autour de l'âtre.

Le fils Tricot a roulé tout cela dans sa cervelle malingre; il s'est buté contre ces terreurs stupides; il a tout confié à sa mère, et celle-ci a vu par ses yeux épeurés. Pourtant, pendant la guerre, le père avait été soldat, et il en était revenu, un peu traînard de la jambe, après une blessure reçue, mais il en était revenu quand même. Et puis un fils soldat, c'est joli pour une mère; c'est une fierté toujours; c'est une gloire quelquefois.

Mais non, le fils Tricot a peur, il est lâche, et cette lâcheté, la mère ne tarde pas à s'en rendre solidaire. Il a raison, cet enfant : est-ce qu'elle pourrait vivre sans lui ; est-ce que la maison serait possible dans le tête-à-tête du père, ce vieux, cassé, fatigué, qui ne sait que travailler ou dormir. Non, son fils ne sera pas soldat.

Mais comment éviter l'appel ? Comment se dérober à la loi ? Comment faire la nique au recrutement ?... Invoquer une difformité, une maladie chronique ? Fi donc ! Le conseil de revision est là pour repousser pareil prétexte, et puis la mère ne veut pas qu'on se moque de son fils. Son gars est un gars bien fait, bien constitué, et elle ne souffrirait pas que les filles du pays puissent douter de lui. Alors qu'inventer ?... Oh ! c'est bien simple : le fils d'une femme

veuve est exempté du service : donc le père
Tricot est de trop.

Et ce fut décidé.

Il fait nuit : près de l'âtre, où braisille
encore une bûche, le père Tricot, dans le
grand fauteuil des vieux qui ne sont plus,
s'est lentement assoupi. La lampe fume
sur la table ; pas de bruit : la respiration
saccadée du dormeur accompagne seulement le balancier régulier du coucou. Mais,
voilà que, derrière lui, deux formes noires
se dressent ; au dessus du père Tricot, des
mains brandissent un marteau ; le marteau
s'abat ; le père Tricot, avec un râle étouffé,
roule devant le fauteuil. Alors la femme
recule épouvantée : mais le fils, tout seul
cette fois, reprenant le marteau, frappe
à coups redoublés sur la pauvre tête sans
vie ; puis, quand il a épuisé sa rage, sa
fièvre de crime, il lâche le marteau, se

jette dans les bras de la femme et s'écrie
avec un hurlement terrible : « Mère ! mère !
tu es veuve ! »

Et la mère, atterrée, murmure :
« Exempté ! »

Eh bien ! non ! Dans l'horreur de ce
drame, dans l'horreur de ce parricide, je
me refuse à accepter le crime, avec sa pré-
méditation, avec cet effort combiné de deux
volontés pour l'accomplir, comme un crime
où l'aride problème de l'irresponsabilité
n'ait pas le devoir d'intervenir.

Loin de moi la pensée de voir dans
toutes les actions criminelles, comme quelques philosophes le font, des conséquences
d'hérédité et d'atavisme ou des manifestations d'anomalies anatomiques. Je ne sais
si l'examen du fils Tricot et de sa mère
étaient de nature à révéler les caractères
d'anthropométrie qu'invoquent certains

criminalistes et auxquels le docteur Lacassagne, très justement et à l'encontre du docteur Lombroso, n'accorde qu'une très médiocre importance.

Je suis plutôt de l'avis du docteur A. Riant, qui dans sa belle étude sur les *Irresponsables* (1) s'exprime ainsi : « Il est excellent de mesurer, de compter, d'analyser, de tout examiner, de porter de la précision et de l'exactitude partout où l'on peut, au moyen des instruments perfectionnés de la science moderne; mais jamais tout cela ne dispensera, jamais cela n'empêchera de se servir utilement de ses yeux, de ses sens, surtout de faire usage de sa raison et du vulgaire bon sens. » Or, dans l'espèce qui nous occupe, je vous le demande, la raison et le bon sens ne conspirent-ils pas pour nous faire trouver

(1) Paris, 1888. Un vol. in-18. J.-B. Baillière, éditeur.

une atténuation à l'ignominie du forfait?

Il y a là deux criminels, et chacun, aux yeux des psychologues, a certainement sa culpabilité amoindrie. Je ne parle pas, ai-je besoin de le dire? de la culpabilité devant la justice. La cour d'assises et le jury, se plaçant au point de vue d'une société qui se défend, ont le droit d'interpréter les faits autrement que nous. Mais je l'avoue, il m'est impossible d'accepter que pour un motif aussi futile qu'une vaine terreur du service militaire, un fils et une mère aient méconnu leurs devoirs, l'un envers son père, l'autre envers son époux, ces devoirs sur lesquels les sentiments les plus élémentaires d'humanité auraient pu les éclairer.

Pour le fils, c'est dans l'éducation qui lui a été donnée, dans la servitude d'affection où il a été tenu, dans l'engourdissement voulu de son indépendance et de sa volonté, dans le culte aveugle du *moi*, où sa mère l'obligeait à grandir, dans cette tutelle irréfléchie où ses pas ne pouvaient s'affermir, où nulle expansion n'éclatait en lui, où la vie extérieure, avec ses luttes, ses efforts, ses nécessités, ne lui apparaissait que comme un spectacle dont il ne serait jamais acteur, et dont il était systématiquement détaché, c'est dans cette multiplicité de causes qu'il faut découvrir l'aberration à laquelle il a cédé, l'aberration qui a clos ses yeux sur la responsabilité de son acte horrible, et fermé sa conscience à la perception du bien. Sa lâcheté est une terreur et l'audace de son crime un excès de faiblesse.

Pour la mère, les circonstances atténuantes ne manquent pas. Son fils appar-

tient à la génération qui a suivi immédiatement l'année sanglante, et les enfants de
cette génération ont été conçus au milieu
d'incroyables secousses. Les femmes ont
gardé de cette époque le souvenir épouvanté des luttes sans espoir, et les enfants
qu'elles ont mis au monde sont devenus
des gages qu'il faut défendre de cette
mangeuse de chair, la guerre. Or, pour
ces femmes, l'armée est comme l'image
menaçante de la guerre; ces femmes se
disent: « Nous sommes de la patrie des
mères ! » et elles disputent à l'autre patrie,
celle du drapeau, celle du sol natal, les fils
tombés de leurs entrailles. C'est là une
vérité à laquelle malheureusement les
preuves ne font pas défaut; et je me
demande si l'amour maternel, cette admirable puissance, cette admirable source de
toute abnégation, n'est pas respectable

autant dans ses erreurs invincibles, que dans son immense générosité !

Et la justice des hommes s'est prononcée implacable. Le devoir d'équité était difficile. Il y avait un cadavre, il y avait une victime infortunée, à qui la pitié devait des larmes, à qui la société devait une réparation. Le châtiment fut inexorable. Il y avait pourtant des atténuations, je les ai dites. Le fils et la mère n'ont pas su résister à un instinct fatal ; leur lâcheté réside plus dans l'idée du crime accompli, que dans le crime lui-même, et c'est cela seul qu'il fallait punir.

Quant au fils, si l'issue de l'affaire avait été autre, il eût fallu que l'armée lui fût fermée à jamais. Il eût fallu qu'on lui laissât la vie, pour qu'il connût la honte d'être rejeté de cette grande famille nationale. Le service militaire est le devoir de cha-

cun : c'est aussi l'honneur de tous. Celui
qui tremble de le remplir en est indigne,
et mérite d'être repoussé du rang comme
une immondice.

IV

CRIMINELS ET CRIMINALITÉ

Il faut bien constater, au risque de se répéter, que la criminalité augmente chaque jour, et que l'instruction en se développant, au lieu d'être un remède à cet état de choses, semble au contraire devenir un excitant.

Qui dit instruction dit lecture, et en écrivant ce mot de *lecture*, vous voyez par avance où cette étude de nos femmes et de nos enfants m'oblige à venir. Certes je n'ai aucunement l'intention d'élever la voix contre la liberté de la presse, mais il est certain que la lecture de certains journaux, — et par journaux j'entends non seulement les organes de l'actualité quotidienne, mais encore des publications, illustrées ou non, qui se vendent à des prix insignifiants, et forment la littérature en livraisons, — il est certain que la lecture de ces journaux est capable d'entretenir des dispositions au crime, et même d'en éveiller chez des sujets qui s'ignoraient encore.

Loin de moi la pensée de mettre en cause M. Zola parce qu'un lecteur de la *Bête humaine* y a découvert son goût à répandre le sang de son prochain ; loin de moi la pensée de mettre une question si générale sur le terrain de l'individualité. Mais tout le monde sait avec quelle soif malsaine et quel intérêt mal dissimulé pour les criminels le public suit le compte rendu des débats de cours d'assises ; tout le monde sait que dans les drames représentés dans les feuilletons, qui étalent leurs appareils sanglants au rez-de-chaussée des journaux à un sou, l'attention des spectateurs et des lecteurs porte toutes ses sympathies du côté de ceux qui manient le couteau et la pince-monseigneur.

Il semble que nous n'ayons plus d'appétit que pour ces émotions violentes, nées du vice et du crime, et, avec nos airs indignés de redresseurs de torts et de fervents de la vertu, nous trouvons à la vertu une irrésistible force d'ennui, et aux torts tant décriés un attrait irrésistible.

Le feuilleton, à chaque feuillet duquel se révèle une complaisante imagination à décrire le mal, et le compte rendu judiciaire, exigé aussi complet que possible : voilà deux

agents très puissants que la lecture a créés
pour l'éducation des criminels à venir
comme pour la glorification des criminels
passés ; deux agents, l'un artificiel, l'autre
documenté, concourant au même but, ha-
bile à la corruption, encore qu'il soit
insconscient, ai-je besoin de le dire?

Et cela est si vrai, que dans certains
journaux, inondant de leurs tirages énormes
les campagnes et les centres ouvriers, voulant, en raison du public auquel ils s'a-
dressent, faire œuvre moralisatrice, et
écartant systématiquement de leurs co-
lonnes tout ce qui pourrait porter atteinte,
soit à la conscience religieuse, soit aux
sentiments d'une pudeur chatouilleuse, sur
les curiosités passionnelles, cela est si vrai
que dans ces journaux, les nécessités d'existence obligent au feuilleton rempli de criminelles inventions, et au récit détaillé des

débats judiciaires. Que ces journaux manquent pendant une huitaine à ce feuilleton et à ce récit, et toute l'armée de leurs acheteurs leur tournera le dos.

Mais ce n'est pas surtout à ces journaux qu'il faut adresser d'amers reproches, c'est au public, qui a exigé de semblables publications. J'ai déjà eu l'occasion de montrer, dans un précédent chapitre, que la littérature criminelle, avant de mener elle-même à la vie criminelle, avait été inspirée elle-même et presque de force par cette vie criminelle.

Certes, tous les gens qui lisent des feuilletons et suivent attentivement les chroniques des cours d'assises, ne sont pas fatalement conduits à s'armer d'un instrument contondant, et à charcuter la viande de leurs amis et connaissances.

Ce n'est pas d'hier que le docteur Lom-

broso en Italie, et les docteurs Brouardel,
Mottet et Roussel en France, ont créé la
science de l'anthropologie criminelle. Dans
un petit livre, paru sous ce titre même :
*L'Anthropologie criminelle et ses récents
progrès*, le savant professeur de psychia-
trie de Turin, M. Cesare Lombroso, a étudié les anomalies morphologiques des criminels ; il a montré, avec des statistiques
à l'appui, les différences de sensibilité,
d'intelligence et de passions, les hérédités,
les névropathies, les caractères physiques,
observés par lui sur une infinité de sujets ;
il a établi de ceux-ci, avec un tact parfait
de méthode, et une sage prudence d'hypo-
thèse, une pathologie des plus sensées, qui
désigne, pour ainsi dire, au médecin et au
philosophe, une sorte de vocation inéluc-
table pour le mal.

C'est ainsi qu'il trace, d'une classe de

fauteurs de la société, le petit portrait suivant, qu'il n'est peut-être pas mal à propos
de reproduire ici, au lendemain des élec-
tions :

« Le criminel latent, honnête par acci-
dent, ou en apparence, est le contrepied
du criminel d'occasion. Les politiciens y
sont très nombreux. Assez souvent c'est
la politique, la lutte sociale, comme parfois
la religion, qui sert de soupape de sûreté et
encore plus de vernis aux tendances criminelles, grâce au misonéisme moindre qui
rend le criminel plus disposé que l'honnête
homme à accueillir les nouveautés. On
s'explique ainsi pourquoi des hommes qui
présentent « le type criminel très caracté-
risé et des anomalies névropathiques très
marquées », non seulement n'ont commis
aucun délit de droit commun, « mais encore sont dévoués avec une abnégation

extraordinaire aux fonctions politiques. »

Mais revenons à notre sujet. Ne nous est-il pas permis d'affirmer que la lecture est capable de susciter le crime, quand cette lecture est faite par des individus atteints de cette maladie de notre fin de siècle, l'anémie cérébrale.

Pour l'honneur de l'humanité, je veux admettre que le cerveau des assassins de seize et de vingt ans qui terrorisent depuis quelques mois les blanchisseuses et les concierges, est affaibli par cette anémie, et que ces précoces gredins, déjà repris de justice, sont, plus que les autres individus de même âge, condamnés à l'influence de cette littérature toute spéciale où on exalte l'essor clandestin de leur inavouable profession.

Eh bien, cette influence, madame Marie Manacéine, un écrivain russe, l'a parfaitement définie dans son étude approfondie sur le *Surmenage mental dans la civilisation moderne.*

« Il ne faut pas oublier, dit-elle (je cite d'après la traduction de M. Jaubert), il ne faut pas oublier que dans la plupart des cas, nous ne faisons, en lisant, que suivre le processus mental d'un autre homme et que nous-mêmes nous ne pensons pas spontanément. Par conséquent, si la lecture prend une importance trop grande dans la vie d'un sujet quelconque, elle peut facilement le conduire à perdre complètement l'habitude de penser spontanément et indépendamment, parce que dans le monde de l'activité psychique règne la même loi qui règle les fonctions des autres organes du genre humain, et en vertu de laquelle chaque organe de notre corps se fortifie, se développe et grandit sous l'influence de l'exercice, sous l'influence du travail. »

Cette influence est donc scientifiquement démontrée, et ceux qui ne veulent pas la reconnaître ne sont pas de bonne foi.

Et remarquez bien que pour s'exercer, cette influence n'a pas recours au livre trop coûteux pour les classes ouvrières, et trop compact pour des intelligences relativement peu cultivées, mais à la livraison qui chaque jour apporte sa tranche d'émotions violentes et de curiosité continuellement tenue en éveil.

Qu'on se rappelle d'ailleurs la définition que M. Taine donne du cerveau : « Le cerveau, dit-il, est un organe *répétiteur* des centres sensitifs, et lui-même composé d'éléments qui répètent les uns les autres. » Cette définition nous explique comment une certaine littérature a pu emprunter son

aliment principal à la répétition des choses
de la criminalité, et comment les choses de
la criminalité, par un retour facile à saisir
et bien dans la nature humaine, a emprunté,
depuis, ses plus cruelles suggestions à cette
même littérature.

Ce que je constate là n'est pas un fait
exclusif à la France : dans tous les autres
pays, une semblable évolution s'est pro-
duite ; c'est qu'en dehors de la nation, il y-
a la société, ce qui est tout différent.

Je ne suis pas seul à penser ainsi, et
cette donnée toute philosophique de la vie
collective a été défendue avec infiniment de talent par M. J. Tarde, dans son
savant ouvrage sur les *Lois de l'imitation.*

« Autre chose, dit-il, est la *nation*, sorte
d'organisme hyper-organique, formé de
castes, de classes, ou de professions colla-

boratrices, autre chose est la *société*. On le voit bien de nos jours quand des centaines de milliers d'hommes sont en train à la fois de se *dénationaliser* et de se *socialiser* de plus en plus. »

Et plus loin :

« L'état social, comme l'état hypnotique, n'est qu'une forme du rêve, un rêve de commande et un rêve en action. »

Le rêve de commande, voilà le feuilleton : le rêve en action, voilà le crime. Il est aisé de comprendre ainsi combien dans notre société moderne on rencontre de preuves d'*imitativité*.

Et cet instinct d'imitation, comment s'impose-t-il à l'individu, quel que soit son rang dans la société ? C'est, comme l'établit M. Tarde, par l'intimidation. Combien de criminels, en effet, par l'exemple vécu, et par l'exemple lu, n'ont pas su se dérober à un amour-propre sottement placé qui les poussait aux chutes irréparables, dans des heures d'entraînement, par une sorte de mode dont ils se faisaient les esclaves! Si les assassins vont maintenant par bandes, n'est-ce pas que l'intimidation les pousse au crime dont l'isolement les eût défendus?

« L'intimidé, écrit M. Tarde, sous le regard de quelqu'un, s'échappe à lui-même, et tend à devenir maniable et malléable pour autrui; il le sent et veut résister, mais il ne parvient qu'à s'immobiliser gauchement, assez fort encore pour neutraliser l'impulsion externe, mais non pour reconquérir son impulsion propre ».

Ceci nous donne la mesure exacte de sa responsabilité.

Mais cette intimidation est souvent sinon volontaire chez celui qui la subit, tout au moins tolérée d'un cœur assez léger; elle se mêle d'un respect réel, aussi bien dans l'infamie que dans le devoir. « Ce respect, dit encore M. Tarde, sur l'autorité de qui je me plais à m'appuyer, ce respect, ce n'est ni la crainte, ni l'amour seulement, ni seulement leur combinaison, quoiqu'il soit une *crainte aimée* de celui qui l'éprouve. »

Une *crainte aimée*, mais n'est-ce pas, je vous le demande, le mot juste pour définir le mobile qui fit de Gabrielle Bompard la complice du misérable Eyraud ?

« Il n'y a pas de signe plus certain du déplacement de l'autorité sociale que les déviations du courant des exemples. L'homme du monde qui reflète l'argot et le débraillé de l'ouvrier, la femme du monde qui reproduit en chantant les intonations de l'actrice ont pour l'actrice et pour l'ouvrier plus de respect et de déférence qu'ils ne croient. »

Etendez cette judicieuse observation au sujet qui nous occupe en ce moment, voyez le peuple tout entier intéressé aux épisodes les plus sanglants des romans-feuilletons, aux détails les plus épouvantables des drames qui ont leur dénouement devant le jury, et vous constaterez que ce peuple, partisan du progrès quand même, en dépit d'éventualités menaçantes, en dépit d'un état de conscience chancelant, a pour les criminels plus de respect et de déférence qu'il ne croit.

Et les criminels le savent si bien, qu'ils trouvent dans cette sympathie inavouée autant qu'inavouable le triste courage de multiplier leurs exploits, et l'audace de se présenter le front haut devant l'opinion publique. ·

Oui ! ces gens-là, qu'ils se nomment Lebiez ou Barré, Jeantroux ou Ribot, Gabrielle Bompard ou Pranzini, ont souci de l'opinion publique; ils sont jaloux des héros de romans, dont les noms se sont imprimés dans leur mémoire, et le parquet du procureur général n'est plus qu'un tremplin, d'où ils viennent, après leurs monstrueuses tragédies, quêter l'applaudissement de la foule !

Voilà pourquoi le public devrait renoncer à ces mauvaises lectures, à ces soifs malsaines de l'extraordinaire dans le vice, et les écrivains qui avaient assez d'imagination pour le crime en dépenseraient tout autant pour écrire avec une encre qui ne serait teinte ni de boue ni de sang.

V

DIVORCE ET BIGAMIE

La cour d'assises de la Seine avait à se prononcer dernièrement sur un cas de bigamie. Ce crime, qui consiste à contracter une seconde union quand la première n'est pas résolue, est assez rare, c'est-à-dire que, sur les statistiques, les condamnations pour bigamie accusent un chiffre moins élevé que d'autres crimes.

Il est vrai que la bigamie n'est pas un crime comme un autre. L'assassin est un criminel devant toutes les juridictions et sous toutes les latitudes. Que ce soit à Paris, à Londres ou à Pékin, l'homme qui tue un homme passe pour un particulier désagréable, et sa société est peu recherchée. Je sais qu'il y a souvent des circonstances passionnelles ou autres qui attendrissent les jurés, et leur surprennent des verdicts d'une dangereuse indulgence.

Il n'y a pas bien longtemps encore, nous voyions, dans l'affaire de Limoges, des circonstances atténuantes accordées à cette bonne mère qui, pour éviter à ses cinq enfants la torture des crampes d'estomac, résultat de longs jeûnes immérités, les a délicatement étranglés entre le pouce et l'index.

La bigamie, au contraire, est un crime spécial, un crime de convention, qui relève de la société et non de la conscience, puisque dans tous les pays il n'est pas admis. Ici, à l'homme qui s'est laissé aller à la bigamie, ses concitoyens, indignés, crient : « Misérable! Tu n'avais donc pas assez d'une femme! » Là, à l'homme placé dans la même situation biconjugale, on dit : « Seulement deux femmes? » et on hausse les épaules de dédain; le bigame est tenu pour un homme de peu.

La bigamie est donc un crime particulier, et, généralement, les circonstances atténuantes, que consent le jury, n'empêchent pas le coupable d'être frappé d'une répression sévère. A plus forte raison quand le jury refuse ces circonstances, comme il l'a fait dans l'espèce dont je parle.

Or, pourquoi cette différence de procédé, de justice et de sentiment entre l'homme qui est châtié pour une effusion de sang, et l'homme qui est châtié pour une effusion de tendresse? Je ne ferai pas au jury l'injure de penser un seul instant que sa pitié pour le premier puisse être intéressée, tandis qu'il n'a rien à redouter du second. Je crois que cette différence vient tout simplement de ce que le jury n'a pas assez étudié la psychologie du bigame.

Le ministère public, au nom de la morale publique, s'indigne devant ce crime. Eh quoi! messieurs les jurés, un homme qui déserte son foyer, qui abandonne sa femme, même si cette dernière est coupable d'adultères bourgeois; un homme qui ne craint pas de former des liens nouveaux, de se créer une nouvelle famille, à la place de la première : Quelle abomination! et comme la société a le droit de se venger!

Se venger de quoi, je vous prie? Prenons, si vous le voulez bien, un exemple : le mari qui était assis sur la sellette.

Voilà un homme qui s'est laissé entortiller par une demoiselle dont la dot se composait de deux enfants nés de pères inconnus, et qui l'a épousée. Bientôt, il apprend que sa moitié, en dépit de son affection, de son dévoûement, de sa tendresse fait de lui un de ces maris ridicules, dont la verve de Molière s'est maintes fois égayée. Que vouliez-vous qu'il fît? Qu'il cherchât à tuer les amants de sa femme? Il aurait eu sans doute fort à faire, et puis cette façon d'agir lui aurait encore amené des désagréments, à savoir la visite de gendarmes à son domicile, des interrogatoires, un jugement, un acquittement toujours problématique, en tous cas un fort scandale sur son nom et son honneur de mari qui n'en aurait pas moins été outrageusement et bruyamment méconnu.

Qu'il rendît à son épouse infidélité pour infidélité? Voilà un moyen immoral, que la

société tolère en effet, qu'elle excuse, et
auquel elle sourit. Oui, aujourd'hui l'adultère a perdu aux yeux des gens le caractère criminel qu'il devrait toujours revêtir,
et les plus rigides moralistes ne voient
souvent en lui qu'une simple peccadille.
Songez donc : avec l'adultère, si les intérêts moraux sont compromis, si la famille
est moralement livrée à tous les désordres,
les intérêts sociaux, les droits des créan-
ciers établis par la loi, sont sauvegardés ;
dès lors, tout va bien.

Qu'il divorçât? Eh! mais, vous en parlez bien à votre aise. D'abord, le divorce
n'est pas le résultat obligé des procédures
qui tendent à l'obtenir; et puis, le divorce
coûte cher et exige longueur et patience de
temps.

Que faire alors?

Et bien! ce mari trompé, ce mari malheureux qui a besoin de s'épancher, qui a besoin d'affection, qui se sent un désir de famille unie et d'enfants, ce mari, s'il rencontre l'honnête fille qu'il rêve, et qu'il n'a pas trouvée une première fois, l'honnête fille, prête pour la tâche conjugale, pour la féconde fatigue de la maternité, et dont les flancs n'ont pas encore été flétris par les débauches inavouées, ce mari, redevenu jeune, oublie tout son passé; il veut se faire une nouvelle existence; il reste muet sur sa première liaison, parce que de son silence dépend le bonheur qu'il souhaite, et il épouse, et il bigame.

Certes, il commet une faute; prenons même le mot de la loi : il commet un crime. Mais il n'y a qu'une seule personne, et non toute la société — notre société frelatée et corrompue — il n'y a qu'une seule personne qui ait le droit de lui demander compte de son crime, et cette personne, c'est sa véritable victime, c'est sa seconde femme.

Or, savez-vous ce qui se passe la plupart du temps? La seconde femme, la victime, que la révélation a brisée, qui s'avance pâle et chancelante à la barre, la seconde femme, qui aurait beau jeu pour se venger du traître, et sait que pour elle l'union est rompue, la seconde femme prend la défense du coupable; elle déclare, dans la salle solennelle des assises, devant les magistrats vêtus de leurs robes rouges, devant la foule curieuse et cruelle des auditeurs, la main encore levée pour le serment sacré, elle déclare que son mari a été pour elle un modèle de tendresse, d'amour, de bonté, qu'elle ne peut articuler contre lui aucun reproche, qu'il lui a donné tout le bonheur qu'elle pouvait désirer à son foyer; qu'il a été un bon père pour les fils nés de leur union, comme il a été un bon époux; et lorsque le président, craignant un moment de faiblesse de la part du jury devant une déposition si simple et si imposanté, et ne se défendant pas lui-même d'une émotion à peine cachée, — n'est-ce pas un mérite pour nos présidents d'assises que de savoir placer encore l'humanité qui ne se trompe pas au-dessus de la justice soumise à tant d'erreurs — lorsque le président, s'adressant au témoin, lui dit :

« Enfin, l'accusé vous avait caché son mariage précédent »,

Elle répond, mais sans comprendre que c'est dans ce silence de son mari, qu'elle continue d'aimer, que s'abrite le crime.

Et que lui importe en effet ce mensonge, puisque ce mensonge assurait son bon-

heur, puisque ce mensonge était le via-
tique qui lui permettait d'ouvrir son cœur
aux joies pures de l'amour et de la famille, et
puisque la vérité au contraire venait creu-
ser sous ses pieds l'abîme où s'effondraient
toutes ses espérances, toute la sérénité d'un
bonheur qu'elle avait si noblement acquis !

C'est que jamais le bigame n'est un dé-
bauché. Criminel, soit ; mais criminel
doublé souvent d'un naïf ; un criminel qui
est entraîné à son crime par une irrésistible soif d'expansion régulière : un criminel qui a tous les instincts de l'honnête
homme, et qui pourrait affirmer à la société
qui le frappe que c'est par respect du premier devoir de cette société, par respect
de la famille qu'il s'est rendu coupable ; et
si je ne craignais d'être accusé de pousser
trop loin le paradoxe, je définirais le
bigame : un homme qui accomplit deux

fois un acte honnête, parce que le premier ne lui a pas réussi.

Et remarquez bien que le divorce, lorsqu'il est suivi du mariage des divorcés, n'est qu'une bigamie légale. La femme divorcée et remariée qui a des enfants de deux lits, et reçoit de son ancien conjoint une somme d'argent pour les enfants dont il se croit le père, a bien, en dépit du jugement, et par le fait, deux maris. Le divorcé remarié, de son côté, qui paye une pension à sa première femme, pour ses enfants, a bien à sa charge deux ménages. Seulement, dans ce cas, cette bigamie s'appelle divorce, et se voit gravement autorisée par la loi; tandis que le divorce extra-légal dont je parlais tout à l'heure est poursuivi par la justice et conduit le coupable de la prison à la réclusion, quand ce n'est pas aux travaux forcés à temps.

Eh bien, pour rendre encore plus rare ce crime de la bigamie, ne pourrait-on abréger un peu la procédure du divorce : les législateurs qui accompliraient ces simplifications auraient bien mérité de la morale publique — encore que le divorce soit moral.

Si le nom de *bigame* est gros de criminalité, comme dans le *Postillon de Longjumeau*, il y a je ne sais quoi de pervers dans cette qualification de *divorcé*; et je sais plus d'une femme qui se croit supérieure à toutes les honnêtes femmes, parce qu'en désignant avec une suprême insolence à son second mari, qui lui donne le bras, un individu qui passe, elle peut dire : « Tiens, monsieur le premier! »

Divorce et bigamie, cela se vaut : cela rentre dans la série — et elle est nombreuse — des ménages à trois.

FIN

TABLE

ÉMILE COLIN. —Imprimerie de Lagny.

Collection in-18 à **3 fr. 50** le volume.

www.ingramcontent.com/pod-product-compliance
Lightning Source LLC
Chambersburg PA
CBHW071621270326
41928CB00010B/1730